성장으로 가는 지성의 문을
함께 열고 싶은

_____ 님께

인간은 노력하는 한 방황한다

인간은
노력하는 한
방황한다

김종원의 세계철학전집

괴테 for 성장

김종원 지음

당신의 끝나지 않을 지성의 문을 열며

"그것이 어디로 가는지 누가 알겠는가,
어디서 온 것인지조차 모르는데."

답이 없는 시대를 산다고 말하는 사람이 많다. 하지만 나는 그렇게 생각하지 않는다. 답을 찾지 못하거나, 없다고 생각하는 이유는 그 문제가 어디서 온 것인지 모르기 때문이다. 어디서 온 것인지 아는 사람은 그것이 무엇이든 어디로 가는지도 알 수 있다.

시작과 본질 그리고 근원을 모르는 사람은 더욱 살기 힘든 세상이다. 이제 비밀은 없다. 모두에게 같은 텍스트가 주어지고 있어서다. 그런데 같은 텍스트를 읽지만, 모두의 변화는 제각각이다. 이유는 텍스트를 바라보는 '어떤 시선으로 읽느냐?', '무엇을 찾아낼 것인가?', '찾아낸 것을 삶에 어떻게 녹여낼 것인가?' 이 세 개의 관점과 질문의 수준이 서로 다르기 때문이다. 좀 더 높은 수준의 소유자에게는 우주처럼 끝나지 않는 지성의 세계가 열리겠지만, 그렇지 않은 사람에게는 아무런 감흥도 느껴지지 않는다.

나는 2008년부터 그 문제에 대한 사색을 시작했고, 16년이 지난 지금에서야 《김종원의 세계철학전집》으로 내가 찾은 답을 세상에 전할 수 있게 되었다. 이 전집의 핵심 메시지를 간단하게 압축하면 이렇다.

1. 철학은 반드시 답을 찾는다. 좀 더 좋은 답도 있고, 좀 더 깊고 풍성한 답도 있다. 전집을 통해서 독자에게 읽고, 사색하며, 실천까지 옮기는 일상의 기쁨을 선물한다.
2. 전집 30권의 큰 구성은 이렇게 진행한다. 살아가는 데 반드시 필요한 30개의 키워드를 먼저 정한 후, 거기에 가장 적합한 30명의 철학자를 통해 이야기를 나눈다.

3. 앞으로 책에서 소개할 주인공은 각자 예술가의 상상력, 학문적인 성과, 현실적인 경험과 지혜 그리고 탁월한 창조력을 가진 인물들이다.
4. 일상의 작은 고민에서 시작해 각종 비즈니스와 삶의 현장 곳곳에서 확실하게 도움이 될 수 있는 해답을 제시한다.

이런 방식으로 그들이 남긴 메시지를 농밀하게 추출해 소개할 예정이며, 그 내용을 쉽게 이해할 수 있도록 설명한 후, 내면에 각인할 수 있도록 필사 문장을 제공할 것이다. 이로써 매일 한 장 한 장 읽어나갈 당신의 삶은 이전과 완전히 달라질 것이다.

1권의 주인공은 독일의 대문호 '괴테'로, 그가 대표하는 키워드는 '성장'이다. 《파우스트》를 통해 그가 말한 것처럼 인간은 노력하는 한 방황한다. 노력과 방황은 결국 성장을 향한 뜨거운 열망에서 나온 단어다. 참고로 1권의 구성은 괴테의 자서전 《시의 진실》 목차에서 영감을 받아 현시대에 맞게 변주해서 정했다.

모든 성장은
고통이라는 터널을 지나며 완성된다

3장

나무는 아무리 성장해도 하늘에는 닿지 않는다

신이 아니라면
누구도 신을 거스를 수 없다

김종원의 세계철학전집
×
괴테 for 성장

1장

모든 성장은
고통이라는 터널을 지나며 완성된다

Johann Wolfgang von Goethe

간절하게 소망하는 일이
오히려 잘되지 않는 이유

01

나는 허세를 부린 적이 한번도 없다.
내가 체험하지 않은 것이나
뼈저린 고통을 겪지 않은 것을
글로 쓰거나 입에 담지 않았다.
미움 없이 증오를 표현한 시를 쓸 수는 없다.
마찬가지로 사랑할 때만 사랑시를 썼다.

Johann Wolfgang von Goethe

나는 무언가를 간절하게 소망한 적이 별로 없다. 그런데 놀랍게도 주변에서 운이 좋다는 말을 평생 들을 정도로 좋은 일이 많이 생겼다. 간절하게 바란 적도 없는 일이 하나하나 다 이루어지는 이유가 뭘까?

돌아보면 나는 늘 무언가를 간절하게 바라지는 않았지만, 대신 이렇게 했다. '치열하게 실천하고, 당연히 된다고 생각하기'.

내 인생에는 이런 말들이 존재하지 않는다. "이게 과연 잘될 수 있을까?", "나는 잘할 수 있어!", "좋아, 난 잘되고 있어!" 그렇다. 막연한 희망을 주거나 격려가 될 수 있는 말을 나는 거의 사용하지 않는다. 이유는 간단하다. 그런 희망이나 격려가 내게는 필요하지 않기 때문이다. 나는 그냥 뭐든 내가 하면 된다고 생각한다. 그러니 희망이나 격려의 언어가 전혀 필요하지 않다. 된다는 확신도 필요가 없다. 뭐든 되는 게 피할 수 없는 사실인데, 굳이 사실을 또 확인할 필요는 없으니까.

괴테가 언급한 허세란 바로 이런 게 아닐까? 실천한 적도 없으면서 막연한 희망만 가슴에 품고 사는 나날, 단순히 자신을 믿으면 행운을 안을 수 있다는 비현실적인 소망. 경험한 것만 글로 쓰고, 말로 전했다는 괴테가 가진 삶의 철학은 간절하게 소망만 하는 것들이 왜 이루어지지 않는지 그 이유를 증명한다.

실제로 주변에서 운이 좋은 사람들을 한번 보라. 그들은 의외로 자신에게 긍정이나 희망의 언어를 잘 들려주지 않는다. 대신 치열하게 실천하고, 당연히 된다고 생각한다. 그래, 바로 끝까지 경험하는 힘이 뭐든 되게 만드는 것이다.

"세상에서 가장 강한 힘은

치열한 실천에서 나오고,

그런 일상을 반복하면,

당연히 무엇을 시작해도 된다는

피할 수 없는 확신을 갖게 된다.

그걸 우리는 행운이라 부른다."

지적인 삶을 완성하는
17가지 일상의 태도

02

남의 좋은 점을 발견할 줄 알아야 하고,
남을 칭찬할 줄도 알아야 한다.
그런 행동을 통해서 우리는 그들과
동등한 인격자로 성장할 수 있다.

Johann Wolfgang von Goethe

이런 생각을 해본 적 있는가? '과거와 현재를 통틀어 인류 역사상 가장 똑똑한 사람은 누굴까?' 답은 조금 의외의 인물이다. 바로, 괴테.

미국 시카고에서 활동하는 엔지니어인 림 팀스가 전 세계에 공개된 자료를 토대로 세계에서 가장 지능지수(IQ)가 높은 사람을 공개했는데, 1위는 앞서 언급한 괴테, 2위는 아인슈타인, 3위는 다빈치, 4위는 뉴턴이 차지했다. 1위를 차지한 괴테의 IQ는 무려 210이었다. 그래서 많은 사람이 괴테가 이룬 성취를 그가 타고난 천재라서 할 수 있었다고 생각한다. 하지만 전혀 그렇지 않다. 그는 사는 내내 자신의 지능과 문해력을 높이기 위해서 분투했던 사람이다. 사람들은 항상 그가 특별히 운이 좋은 사람이라고 생각했지만, 그건 오해에 불과하다.

그는 이런 고백을 하기도 했다. "근본적으로 내가 살았던 삶은 치열하게 노력하고, 일한 것 외에는 아무것도 아니었다. 솔직하게 말해서 내 생애에 단 한 달이라도 마음대로 즐기며 살았던 때는 없었다. 내가 살아온 나날은 매일 바위를 끊임없이 굴리면서 계속해서 밀어 올리려는 시도였다." 그는 결국 평생 더 나은 자신을 만들기 위해 분투했던 사람이었다. 그 노력의 과정을 17가지로 구분하면 이렇다.

1. 지혜로운 사색가는 누구와도 다투지 않는다.
2. 수준 높은 사람은 타인의 수준이 낮다고 불평하지 않는다.
3. 사람들은 죽기 전에 너무 많이 화를 낸 걸 후회한다.
4. 친절하게 말하지 못하는 자는 제대로 배우지 못한 자다.
5. 자기 삶의 의미와 목적을 아는 자는 흔들리지 않는다.

6. 1,000년 넘게 살 수 있는 게 아니라면, 타인에게서 배울 줄 알 아야 한다.

7. 다툰다는 건, 자신도 그와 같은 수준이라는 증거다.

8. 수준이 다르면, 처음부터 다툴 이유도 없다.

9. 바보는 자주 멈추지만, 지혜로운 사람은 자주 스친다.

10. 분노한 지점이 바로 당신의 지적 수준이다.

11. 자신의 감정을 설명할 수 있는 사람은 분노하지 않는다.

12. 경쟁이 아닌 성장을 이끄는 질문은 그 사람을 점점 크게 해준다.

13. 외로움을 견딜 수 있는 사람은 스스로 깨닫게 된다.

14. 작은 것도 나눌 수 있는 사람은 커다란 것도 아낌없이 줄 수 있다.

15. 1시간의 사색이 100시간의 독서를 완성한다.

16. 본질을 제대로 파악할 수 있다면, 쉽게 오해하지 않는다.

17. 인생은 원래 힘들어야 가치가 있다는 사실을 안다.

남들이 "그건 불가능한 일이야."라며 말리는 것들에 좀 더 자주 도전하자. 우리는 가능한 일만 하려고 사는 건 아니니까. 지금 가능한 일은 여기저기에서 수많은 사람이 하고 있으니 굳이 나까지 거들 필요가 없다.

"지금 당장 누구도 할 수 없는

나만의 일을 시작하자.

그렇게 시간이 조금 지나면,

그 일은 나만 할 수 있는 일이 되어

내 삶의 가치를 빛낼 것이다."

분열은 하수의 선택이고,
단결은 고수의 선택이다

03

분열시켜서 지배하라,
멋진 구호다.
단결시켜서 이끌어라,
더 멋진 구호다.

Johann Wolfgang von Goethe

"이제 우리는 더 함께할 수 없습니다!", "생각이 다르니 공존
할 수 없네요!", "그냥 우리끼리 가자, 말이 안 통하네!" 지금도
우리가 사는 곳 여기저기에서는 이런 소리가 가득하다. 힘을 더
해서 혹은 생각을 결합해서 하나가 되기보다는 자르고, 분열해
서, 작게 떨어져 나간다. 하지만 이런 현실은 비단 지금의 문제만

은 아니다. 역사상 수많은 정치가와 사상가가 멀쩡한 세상을 강제로 분열시켜서 지배했다. 둘로 나누고, 나눈 둘을 다시 또 둘로 나눠서 각자 잘게 자른 부분을 지배하며 살았다. 그게 '힘만 가진 하수'들의 가장 간단한 방식이기 때문이다.

하지만 우리가 '고수'라고 부르는 세상의 1%는 전혀 다른 방식을 선택했다. 당신이 더 나은 삶을 원한다면, 여기에 주목할 필요가 있다. 그들은 분열이 아닌 단결을 선택해서 더 큰 자신을 만들었고, 차원이 다른 방법으로 생각이 다른 사람들을 멋지게 하나로 이끌었다. 힘과 지성을 모두 가진 사람만이 할 수 있는 일이다. 분열은 자를 수 있는 힘만 가지고 있으면 누구나 가능하지만, 단결은 우리가 왜 하나가 되어야 하는지 지적으로 설명할 수 있는 사람에게만 가능한 높은 수준의 결과이다.

그러니 다툼과 분열만 가득한 공간에는 오래 머물지 말라. 아무리 많은 시간이 지나도, 최선의 노력을 투자해도, 지성이라는 꽃은 거기에서는 자랄 수 없으니까.

"성장의 공간은

전혀 다른 기운을 갖고 있다.

가진 게 힘만 있는 사람은 자꾸만

잘게 자르려고 하지만,

힘과 지성을 모두 가진 사람은

더 큰 하나로 자신을 키운다."

잘하려고 애쓰지 말라,
그냥 끝까지 하기만 해도 된다

04

선한 것을 시작하려는 사람은
'나중에'라는 말을 아예 하지 않는다.
그들은 오직 지금 이 순간에
해야 할 일을 시작한다.
선한 것을 시작하려는 사람에게
나중이라는 말은 필요 없다.

Johann Wolfgang von Goethe

"이번에는 반드시 다이어트에 성공해야지!", "금주, 금연, 올
해에는 꼭 해내자!" 매년 수많은 사람이 새해 결심을 한다. 각종
자격증을 따겠다는 사람도 참 많다. 그런데 결과는 어떤가? 이건
매우 중요한 부분이니 잘 들어보라.

예를 들어, 매년 100명이 같은 자격증을 따겠다는 생각을 한

다면, 실제로 따기 위해서 준비하는 사람은 그 20%인 20명에 불과하고, 꾸준히 준비를 해서 시험을 보는 사람은 20명의 20%인 4명에 불과하며, 시험장에서 눈을 반짝이며 자신이 치열하게 보낸 시간을 믿고, 결과를 기대하는 숫자는 단 2명에 불과하다. 결국 모든 승부는 '수많은 사람'이 아닌, 끝까지 온 '두 사람'의 싸움이다.

어떤가? 이제 가슴이 뛰는가? 아니면 오히려 내가 제대로 해본 적이 없는 98명의 삶을 산 것 같아서 부끄러운가? 지금도 수많은 사람이 자신이 재능이 없거나 경쟁률이 치열했다는 변명을 하지만, 당신이 떨어진 이유는 오직 하나, '하지 않았기 때문'이다. 굳이 열심히 할 필요도 없다. 그냥 끝까지 꾸준히 하면, 누구나 원하는 결과를 만날 수 있다. 그래서 괴테가 언급한 '선한 의지'가 매우 중요하다. 여기에서 말하는 선한 의지란, 타인이 아닌 나를 향하고 있다. 자신을 향한 선한 의지를 가지고 있지 않은 사람은 타인에게도 선한 마음을 전할 수 없다.

이제 선하다는 말을 '타인'이라는 포장지로 감싸지 말라. 내가 진실로 원하는 것, 모든 것을 다 버릴 각오로 덤벼서 마침내 갖고 싶은 그 하나가 있는 사람을 나는, 선한 의지를 가진 사람이라고 생각한다. 세상에서 가장 선한 사람은 자기 자신의 성장을 위한 놓칠 수 없는 꿈을 품고 있는 사람이다. 그래서 선한 것을 시작하려는 사람에게 나중이란 없고, 언제나 순간을 무섭게 불태운다.

"제발 잘하려고 애쓰지 말라.

그대에게 선한 의지가 충분하다면,

그냥 끝까지 하기만 해도

원하는 모든 것을 이룰 수 있다."

시간이 지날수록 더 잘사는 부부는
서로에게 쓰는 말버릇이 다르다

— 05 —

진짜 연애는 결혼 생활을 시작하며 경험할 수 있다.
결혼 생활은 모든 문화의 시작이며,
자신의 가치를 보여주는 최고의 무대다.
그간 난폭하게 살았던 자에게 차분한 일상을 선물하고,
반대로 지성인에게는 자신의 지성을 증명하는
최고의 기회로 활용할 수 있다.

Johann Wolfgang von Goethe

매우 중요한 조언이다. 보통 결혼 생활을 시작하면, 연애 때와
는 감정이 달라져서 사랑이 식는다고 말한다. 하지만 괴테는 완
전히 반대로 해석한다. 결혼 후에야 비로소 서로를 향한 진짜 사
랑을 전할 수 있다는 것이다. 좋은 결혼은 부족한 것을 채우고,
넘치는 것은 서로에게로 향하게 선물한다. 핵심은 바로 서로에

게 들려주는 말에 있다. 다음에 소개하는 말을 서로에게 들려준다면, 점점 더 잘사는 부부로 사랑 안에서 행복하게 살 수 있다.

1. 말이 거친 사람은 화가 많은 사람이래.
   우리 서로에게 부드럽게 말하려고 노력하자.

2. 나랑 사니까 얼마나 행복해.
   늘 감사하면서 살아.

3. 힘든 일이 생길 때마다
   늘 서로에게 이렇게 말하자.
   "내가 좀 더 노력할게."

4. 자기가 웃는 모습을 보면
   내 기분까지 좋아지더라.

5. 처음에는 입에 붙지 않아서 힘들겠지만,
   이런 다정한 말이 익숙해지게
   이 글 보며 같이 연습하자.

6. 우린 더 잘될 거야.

   당신이 이렇게 열심히 하니까.

7. 배우자에게 다정한 사람이

   세상에서 가장 강한 사람이래.

8. 혼자만의 시간도 가끔 필요하지.

   쉬고 싶으면 언제든 말해줘.

9. 우리는 이것도 참 잘 맞네.

   성격과 취미에서 공통점이 참 많아.

10. 아침에 일어나 당신을 보는

    하루하루가 내게 행복이야.

11. 난 서른보다 마흔 이후의

    우리 인생을 더 기대해.

12. 당신도 이 글 한번 읽어볼래?

    같이 읽으면 효과가 더 크니까.

13. 난 당신과 사는 게 참 좋아.

쉬기 좋은 그늘 같아서.

14. 나는 내 마음 편하게 해주는

사람이 좋더라, 당신처럼.

15. 얼마든지 실패하고, 흔들려도 괜찮아.

내가 여기에서 늘 당신을 지켜줄게.

16. 우린 서로에게 화내지 말자.

화낸다고 달라지는 건 없으니까.

17. 분노가 시작되면 못된 말이 나오지.

그럴 때는 억양을 상냥하게 바꾸면,

좀 더 다정하게 말할 수 있어.

18. 같은 말도 예쁘게 하면,

내 기분도 더 좋아져.

19. 요즘 어떤 고민이 있어?

내가 도울 방법이 있으면 언제든 알려줘.

20. 당신에게는

참 배울 게 많아.

21. 우리 내년에는

좋은 일이 더 많이 생길 것 같아.

느낌이 아주 좋아!

나만 힘들게 희생하면서 산다고 생각하거나 자꾸만 부정적으로 생각하고, 굳이 필요 이상으로 자책하면, 결혼 이후의 삶이 더욱 고통스러워진다. 배우자에게 좋은 말을 들려주는 건, 그에게도 좋지만 나에게는 더 좋다. 말을 가장 먼저 듣는 건, 그걸 발음하는 나 자신이니까. 그러니 나 자신을 위해 두 번, 세 번 사색해서 나온 말을 들려준다고 생각하는 게 좋다.

"개인과 가정 모두의 성장을 원한다면,

서로에게 사랑이 될 수 있는 말을 들려줘야 한다.

부부가 그렇게 자신의 말을 바꾸면,

아이들까지 더 근사한 사람으로 성장할 수 있다.

부부의 말버릇이 가정의 미래를 결정한다."

자신의 삶에 가치를 더하는
5가지 질문

06

하늘은 당신에게 기회가 필요할 때마다 기회를 선물한다.
다만, 그걸 정확하게 포착하는 사람이 있는 반면에
기회가 곁에 있는지도 모르는 사람이 있을 뿐이다.
운명을 바꾸고, 개척하고 싶다면, 주변을 잘 살펴보라.

Johann Wolfgang von Goethe

어떤 영화나 드라마 또는 책이 가진 의미를 논할 때 우리의 기
준은 결코 길이나 분량이 아니다. 실제로 이렇게 말하는 사람은
별로 없다. "이 영화는 정말 의미가 있어. 상영 시간이 무려 5시간
이나 되니까.", "이 책은 정말 의미가 있지. 무려 1,000페이지가 넘
잖아." 이처럼 길이나 분량은 중요하지 않다. 그럼, 정말 중요한

건 뭘까? 바로 중간중간에 놓여 있는 '가치'가 핵심이다. 그러므로 이렇게 말할 수 있어야 한다. "이건 반복해서 볼 정도로 가치가 있는 영화야.", "이건 소장할 만한 가치가 있는 책이야."

우리 삶에서 소중한 것들은 이렇게 분량이나 길이가 아닌 가치로 자신의 존재 이유를 증명한다. 인생 역시 마찬가지다. 창의성이 더 큰 빛을 발하는 앞으로의 세상에서는 더욱 오래 사는 건 그다지 중요하지 않다. 그래서 우리가 자신에게 던져야 할 질문은 이런 것들이다.

1. 오늘을 어떻게 살아야 하나?
2. 나는 힘든 나를 어떻게 위로할 것인가?
3. 나의 가치는 어디에서 빛나고 있나?
4. 내 인생은 소장할 만한 책인가?
5. 삶의 중간중간에 멈춰서 사색하고 있나?

단순히 오래만 사는 건 그다지 중요하지 않다. "그 사람 진짜 오래 살았지!", "대단해! 그렇게 오래 살다니!" 이렇게 말하는 사람은 별로 없다. 인생의 가치는 길이가 아닌 중간중간, 마치 별처럼 박혀 있는 빛나는 가치에 있으니까. 5가지 질문을 기억하며, 단순히 분량만 많거나 길이만 긴 삶에서 벗어나자.

"내게 주어진 1초를 빛낼 수 있어야

그 1초가 모여서 이룬 나의 인생을 논하며,

'나는 나의 삶을 살았다'라고 말할 수 있다."

은혜를 모르는 자에게
굳이 당신의 시간을 투자하지 말라

07

은혜를 느끼지 못하는 사람들은
삶의 모든 영역에서 가장 무능한 자다.
타인의 은혜에 감사할 줄 아는 마음이야말로
진실한 인간이 가져야 할 첫 번째 조건이다.

Johann Wolfgang von Goethe

살다 보면 이런 소리가 절로 나오게 만드는 사람이 있다. "저 사람은 은혜를 전혀 모르네!", "내가 이 정도 했으면 뭔가 있어야 하잖아!", "늘 당연하다는 것처럼 받기만 하네!"

무언가 주면서 조금이라도 받고 싶은 마음은 인간이라면 누구나 갖는 최소한의 욕심이다. 처음에는 좋은 마음으로 도와줬지만, 상대방이 그 고마움을 잘 모르면, 아무리 선한 의도를 가진 사람이라도 괜히 화가 나기도 한다.

그러나 괴테는 은혜를 모르는 사람에게 은혜가 무엇인지 가르치거나 설명하려고 하지 말라고 강조한다. 그 시도는 언제나 짜증이나 분노로 끝날 가능성이 높다. 이유는 간단하다. 은혜를 모른다는 것은 사람이 갖춰야 할 기본이 되어 있지 않다는 증거라서 그렇다.

그들은 은혜가 뭔지 애초에 모른다. 자신이 무엇을 받았는지 모르기 때문에 상대가 준 것이 얼마나 귀한 것인지조차 인식하지 못한다. 어찌 보면 안타까운 사람들이다. 그런 근본적인 결함이 있는 사람에게 굳이 내 아까운 시간을 투자할 필요는 없다. 그건 기계에게 인간의 감정을 가르치고, 이해시키려고 애써 설명하는 것과 같다. 인간관계에서 꼭 기억해야 할 3가지 기본 원칙을 소개하니 필사로 내면에 담아보라.

1. 남에게 들은 이야기를 다른 사람에게 옮기면서 말을 조금씩 바꾸는 사람들이 있다. 이는 그들이 교활해서가 아니라, 자신이 들은 이야기를 제대로 이해하지 못했기 때문일 가능성이 높다. 나쁜 사람이 아니라, 불쌍한 사람들이다.

2. 말은 곧 오해를 부른다. 자기가 얼마나 자주 타인을 오해하는지 분명히 자각하고 있다면, 누구도 남들 앞에서 함부로 말할 수 없을 것이다. 세 번 생각하고, 한 번 말하는 습관을 갖는다면, 오해가 3분의 1로 줄어들 것이다.

3. 인생에서 가장 주의해야 할 부분은 보잘것없는 것에 의해 좌우되어서는 안된다는 점이다. 인간관계에서 분명한 원칙을 가져야 하는 이유가 바로 여기에 있다. 원칙을 세워야 인생에서 가장 중요한 것을 지켜낼 힘을 가질 수 있다.

"내가 사랑하는 것들이 나의 모습을 만든다.

나는 무엇을 사랑하는가?

무엇을 보며 행복을 느끼는가?

그것들을 사랑하는 모습 그대로

나는 아름답게 나이 들어갈 것이다."

변치 않는 오래된 꿈은
반드시 보석이 된다

08

모든 사람에게 주어진 인생은
단 한번뿐이니 꿈을 품어라.
꿈을 계속 품고 있으면,
반드시 실현할 때가 온다.

Johann Wolfgang von Goethe

꿈은 이성보다는 감성의 영역이라고 생각하기 쉽다. 그런데 생각하면 바로 실천으로 옮겨서 결과를 냈던 대표적인 실천주의자 괴테가 꿈을 강조한 이유는 뭘까? 간단하다. 꿈을 계속해서 간직하고 있다는 그 자체가 이미 일상에서 가장 치열한 실천을 하고 있다는 의미를 담고 있어서다. 생각해 보라. 당신은 처음 가졌던 꿈을 여전히 갖고 있는가? 대부분 짧게는 1년, 길게는 3년 이면 처음 가졌던 꿈을 포기하고, 다른 작은 꿈을 선택한다. 이게 바로 괴테가 말한 꿈의 핵심이다. 꿈을 계속 간직하고 있는 자에게 실현의 기회가 오는 이유는, 계속 가지고 있는 것 자체가 이미 현실에서 그걸 이루기 위해 치열하게 실천하고 있는 증거라서 그렇다. 괴테는 단순히 가지고만 있으면 꿈이 이루어진다는 말을 하려는 게 아니라, 오랫동안 버리지 않고, 품고 있다는 것은 그만큼의 실천이 동반되어 있음을 말하고 싶은 것이다.

"간절하니 실천하게 되고,
실천하며 품고 있으니 결국 모두 이루어지게 된다."

이렇게 쉽게 지나칠 수 있는 사소한 문장 하나도 그 중심에 들어가 생각하면, 전혀 다른 부분을 만날 수 있다. "에이 뭐야, 상상하면 결국 꿈이 이루어진다고 말하는 건가? 괴테도 별수 없네. 그런 말을 누가 믿어!" 이렇게 쉽게 말하고, 그의 말을 비난할 수도 있다. 하지만 '오랫동안 간직하는 것의 치열함'을 알게 되면, 전혀 다른 지점을 만날 수 있으며, 그때 우리는 자신의 생각과 삶을 모두 바꿀 기적의 순간을 만날 수 있다. 차분하게 본질이 무엇인지 자꾸만 생각하면, 우리는 언제나 짐작하지 못하는 지점을 만나게 된다. 그러니 괴테가 그랬던 것처럼 늘 자신에게 이런 말을 들려주며, 좋은 것만 내면에 담아라.

"나는 내가 품은 꿈을 포기하지 않는다.

매일 일상에서의 작은 실천을 반복하며,

결국에는 모두 멋지게 이루어낼 것이다.

변치 않는 오래된 꿈은 반드시 보석이 된다."

당신은 의지가 약해서
인내하지 못하는 게 아니다

09

자신이 하는 일에 대한 신념을 가져라.
누구나 자신이 옳다고 믿는 일에 대해서는
확실하게 실행할 힘을 갖고 있다.
신념을 가진 자는 주저하지 않고 정진한다.

Johann Wolfgang von Goethe

우리는 왜 시작을 망설이는 걸까? 시작을 하더라도 왜 중간에 계속 멈추고, 포기하게 되는 걸까? 그건 의지가 약해서가 아니다. 중요한 건 자신이 옳다고 생각하는 힘이다. 그 힘을 가지려면, 어떤 생각을 내면에 품어야 할까? 다음 9가지 조언을 읽다 보면, 저절로 그 과정을 깨닫게 될 것이다.

1. 세상에 특별히 의지가 강한 사람은 없다.
   그러므로 당신은 특별히 의지가 약한 게 아니다.

2. 의지가 강해 보이는 사람이 있다면 그 이유는,
   힘들어도 인내할 가치를 그가 찾은 덕분이다.

3. 그렇다면 당신의 의지가 약한 이유는,
   견딜 가치를 아직 발견하지 못했기 때문이다.

4. 버틴 후에 얻을 결과를 측정할 수 있으니
   가치를 찾은 사람은 끝까지 버티게 된다.

5. 세상의 가치를 찾는 능력이 곧
   당신이 가질 의지력의 강도를 결정한다.

6. 인내력이 없다고 자신을 책망하지 말고,
   사물의 본질을 발견하지 못하는 자신을 원망하라.

7. "여기에 무엇이 있을까?"
   "이걸 내 삶에 어떻게 적용할 수 있을까?"

이 질문으로 대상의 숨은 가치를 발견하라.

8. 그럼에도 견딜 가치를 아는 사람에게는
딱히 응원이나 격려가 필요하지 않다.
존재 그 자체가 곧 견딜 힘인 덕분이다.

9. 늘 자신을 제대로 파악하라.
그것조차 못한다면, 무엇도 제대로 할 수 없다.

'일찍 일어난 벌레가 잡아먹힌다.'라는 말이 있다. 하지만 이런 방식의 말은 결국 자신을 망칠 뿐이다. 의지와 자제력을 모두 빼앗기 때문이다. 누군가 그렇게 말하며 대충 살자고 말할 때, 이렇게 생각하며, 스스로 의지를 불태울 수 있어야 한다.

"일찍 일어나면 잡아먹힐 가능성도 있다.

그러나 그런 위험 때문에 늘 게으르게 살면서

자신이 해야 할 일을 하지 않는다면,

내가 태어난 이유는 대체 무엇인가?

나는 단지 잡아먹히지 않으려고 태어난 것인가,

내가 아니면 할 수 없는 일을 해내려고 태어난 것인가!"

진짜 하고 싶은 일을
하면서 사는 법

10

사는 내내 나는 인간이었고,
그것은 싸우는 존재란 것을 의미한다.
나에게 혼자 천국에서 살게 하는 것보다
더 큰 형벌은 없을 것이다.

Johann Wolfgang von Goethe

하루는 방송에도 자주 출연하는 유명한 강연자이자 베스트셀러 작가를 만나 이런저런 이야기를 나눴다. 그는 너무나 지친 표정으로 내게 고백하듯 이렇게 말했다. "작가님, 사실 전 글만 쓰며 살고 싶어요." 또 한번은 유명한 인플루언서이자 재능 있는 사람을 서로 연결해 주며 바쁘게 사는, 많은 여성의 롤모델인 한

여성이 내게 한숨을 내쉬며 이렇게 말했다. "사실 전 사람들에게서 멀어져서 혼자 하는 일을 하며 살고 싶어요." 이게 끝이 아니다. 다국적 기업에서 최연소 임원으로 승진한, 최고의 스펙을 다 갖춘 한 멋진 남성이 내게 이런 속마음을 털어놓았다. "사실 전 조용히 고향으로 내려가 작은 식당을 운영하며 살고 싶어요."

많은 사람이 이런 착각을 하며 산다. '세상에서 나만 가장 힘들고, 나만 하기 싫은 일을 하며 산다.' 하지만 좀 더 다가가 당신이 부러워하는 그들의 이야기를 들어보면, 사람 사는 거 다 비슷하다. "사실 전"이라는 말로 시작하는 그들의 고백은 모두의 짐작과는 전혀 다른 것들이다. 이처럼 거의 모든 사람이 정말로 하고 싶은 일을 하기 위해서 인생의 대부분을 하기 싫은 일을 하며 보내고 있다. 매우 중요한 인생의 진리다. 이 사실을 빠르게 깨닫지 못하고, 나이만 들면, 아무것도 이루지 못한 상태로 삶을 마감할 가능성이 높아진다.

괴테가 스스로 자신이 싸우는 존재이며, 가장 큰 형벌은 홀로 천국에서 지내는 것이라 고백한 이유도 바로 거기에 있다. 진짜 좋아하는 무언가를 찾으려면, 끝없이 분투해야 하며, 수많은 타인에게서 배워야 한다. 나만 힘들고, 나만 이렇게 산다고 생각하는 건, 위로가 아닌 나를 점점 망치는 파괴의 주문과도 같다. 자신의 삶을 바꾸고 싶다면, 지금 당장 생각을 이렇게 바꾸라.

"반복해서 하기 싫은 일을 하다 보면,

그걸 잘하게 되는 날이 찾아오고,

그때 우리는 진짜 하고 싶은 일을

마음 편하게 하면서 살 수 있다.

모든 고통은 기쁨이 되기 위한 과정이다."

결국 뭐든 멋지게 해내는 사람들의 11가지 공통점

11

시간이 언제나 당신을 기다리고 있을 거라고 생각지 말라.
게으르게 걸어도 결국 목적지에 도달할 날이
있을 것이라는 생각은 잘못이다.
하루하루 전력을 다하지 않고는
그날의 보람은 전혀 없을 것이며,
동시에 당신이 원하는 목표에 도달하지 못할 것이다.

Johann Wolfgang von Goethe

그냥 해내는 것이 아니라 스스로 자신이 생각한 그대로 멋지게 해내는 사람들에게는 어떤 비밀이 있는 걸까? 본질은 3가지로 나뉜다. 하나는 '다른 사람들의 시선에 자신의 시간을 빼앗기지 않았다는 것'이고, 또 하나는 '자신의 에너지를 모두 자신을 위해 썼다는 것'이며, 마지막 하나는 '일 그 자체에서 행복을 즐겼다는 것'이다. 어쩌면 별로 대단한 것이 아니라고 생각할 수도 있다. 하지만 당신의 과거를 돌아보라. 그렇게 사는 것이 과연 쉬운 일일까?

수많은 세상의 방해를 이겨내고, 그런 삶을 살기 위해서는 자신의 일상에 '가치'라는 단어를 품고 살아야 한다. 그래야 의미 없는 것들에 흔들리지 않고, 중심을 단단히 잡을 수 있다. 다음 11가지 조언이 당신의 삶에 가치라는 씨앗을 심을 수 있게 도와줄 것이다. 낭독하듯 읽으며, 마음에 담아보라.

1. 누가 나를 싫어해도 큰 관심이 없다.
2. 어떤 보답이 있어도 흥미가 없는 일은 시작하지 않는다.
3. 누군가와 잘 지내려는 노력을 하지 않는다.
4. 특출난 행동을 매우 자연스럽게 하면서 산다.
5. 소중한 에너지를 굳이 타인을 증오하는 데 쓰지 않는다.
6. 불평 많은 사람이 가장 소모적이라는 걸 알아서 재빨리 스친다.
7. 내 이야기에 관심을 보이는 사람에게 최선을 다한다.
8. 내가 만들 것이므로 애써 미래를 예측하지 않는다.
9. 끝나서 기쁜 일이 아니라, 시작해서 행복한 일을 찾는다.
10. 대부분의 사람이 아닌, 나한테 꼭 맞는 일을 찾아서 분투한다.
11. 시간의 흐름을 잊고, 24시간 웃으며 할 수 있는 일을 한다.

어떤가? 나는 이 11가지 조언을 읽을 때마다 '자유'라는 단어가 떠오른다. 수천 명과 함께 살아도 홀로 무언가를 꿈꾸며, 매일 가슴 벅찬 하루를 시작하는 사람의 모습이 그려져서다. 살아 있어도 희망이 죽은 상태라면, 굳이 살아갈 필요가 없다. 그는 아무것도 해내지 못할 것이기 때문이다.

"물론 굳이 뭔가를 하면서 살 필요는 없다.

하지만 그런 삶에 안녕을 고하며,

무언가 하나라도 내가 살았던 흔적과

삶의 가치를 당신이 남기고 싶다면,

살아 있는 동안 꼭 한번 시작해 보라.

시작하면 만날 수 있는, 그 기적의 하루를."

성향과 성격을 기품 있게 바꾸는
일상의 생각법

12

인간이라면 기품이 있어야 한다.
기품만이 우리가 알고 있는 모든 것과
인간을 구별하는 기준이 된다.
그들은 끊임없이 유익하고, 올바른 것을
창조한 후 세상에 선물하기 때문이다.

Johann Wolfgang von Goethe

살다 보면 사소한 것 하나까지도 기품이 느껴지게 만드는 사람이 분명 있다. 그가 선택한 것들이 비록 고가가 아니더라도, 또한 많은 사람이 좋아하는 것이 아니더라도, 이상하게 믿음이 가며, 고귀한 기품이 느껴진다. 그들에게는 이런 공통점이 있다. 바로 세상 사람에게 도움이 될 것을 꾸준히 창조해서 마치 선물처럼 공급한다는 사실이다. 그 귀한 마음이 그들 삶에 기품으로 무럭무럭 자라게 한다. 그러니 그렇게 살고 싶다면, 사람들에게 도움을 주는 일을 하라.

그런데 그건 사람들을 위한 것이 아니라 결국 자신을 위한 일이다. 사람들에게 도움을 줄 수 있을 때, 인간은 그 일의 가치를 느낄 수 있으며, 가치를 깨닫는 순간 그 일을 시작하려는 용기를 낼 수 있어서 그렇다.

간혹 유명한 방송인의 이런 고백에 의외라고 생각할 때가 많다. "사실 저는 정말 내성적인 사람입니다.", "집에 혼자 있을 때 가장 행복해요." 방송이나 혹은 일상에서 수많은 사람 앞에서는 매우 활달하면서 당당한 모습을 보여주지만, 사실은 내향적인 면모를 가진 사람이 많다. 그건 그가 두 얼굴을 가져서가 아니다. 밖에서 스스로 가치 있는 일을 하고 있다는 생각을 한 덕분에 평소에 없던 용기를 낼 수 있는 것이다. 스스로 자신의 성격이나 성향을 기품이 넘치게 바꾸고 싶다면, 생각을 이렇게 바꿔야 한다.

1. 자신만을 위한 일에서 벗어나, 사람들을 위한 일을 시작하라.
2. 자기 안에서만 가치를 찾지 말고, 세상 속에서의 가치를 찾아라.
3. 소수가 아닌, 더 많은 사람에게 도움을 준다는 생각으로 하루를 시작하라.

우리는 세상에 꼭 필요한 일을 하고 있다는 생각을 할 때, 자신의 가치를 느낄 수 있으며, 그렇게 하루하루 용기를 내며 전과 다른 일상을 만들 수 있다. 기품은 그 안에서 피어나는 아름다운 꽃이다. 상대방에게 이런 이야기를 들었을 때, 내면에서 일어나는 변화를 떠올려보자. 그럼 이해가 쉬울 것이다. "감사합니다. 당신이 있어서 저는 걱정이 없어요.", "당신이 해준 한마디 덕분에 힘을 냈습니다.", "어쩌면 그렇게 섬세하게 표현할 수 있죠? 늘 감동입니다." 누구라도 이런 말을 듣게 되면, 내면에서 아름다운 에너지가 끝없이 솟아날 것이다. 이렇게 자신의 말과 행동이 타인에게 기쁨과 감동을 주고 있다는 사실을 자각하게 될 때, 내면에서는 세상에서 가장 아름다운 변화가 시작된다.

필사할
문장

"할 수 있다는 용기를 내라.
이 모든 것이 용기를 내면 누구든 볼 수 있는 풍경이다.
굳이 이 아름다운 풍경을 외면할 필요는 없지 않는가."

가장 불행한 인생은
'척'에서 시작한다

13

아는 것만으로는 충분하지 않다.
삶에 반드시 적용해야 한다.
의지만으로는 충분하지 않다.
일상에서 반드시 실행해야 한다.

Johann Wolfgang von Goethe

센 척하는 이유는 실제로 세지 않기 때문이다. 실제로 센 사람
은 모두가 그 사실을 알고 있으니, 굳이 귀찮게 그렇게 보이려고
노력할 필요가 없다. 이미 자기 안에 있는 것을 있다고 증명하기
위해 분투하는 사람은 없으니까. 복잡할 땐 언제나 본질을 보면,
뭐든 쉽고 간단하게 해결할 수 있다. 갖고 싶은데 없으니까 보여

주려고 분투하는 것이다. 물론 이런 상황 자체는 당장 자신에게 크게 나쁠 건 없다. 인간의 본성은 실제보다 멋져 보이고, 센 것처럼 보이는 것을 좋아하기 때문이다. 문제는 그 이후에 시작한다. 그들의 특징은 '그렇게 보이려고 노력만 하고, 실제로 그렇게될 시도는 전혀 하지 않는 삶'에 있다. 멋져 보이려고 노력은 하지만, 그걸 자기 안에 심으려는 시도는 시작도 하지 않는다. 그들은 그렇게 껍데기에만 집착하면서 보이는 것에만 신경을 쓰다가 결국 이런 상황에 놓이게 된다. 실제 눈으로 확인할 수 있는 결과나 오랫동안 쌓아서 이룬 이성적인 도구를 활용해서 사람의 마음을 얻기보다는 감성에만 호소하는 삶이 바로 그것이다.

안타깝게도 그들은 다음과 같은 일상을 살게 된다. 조금만 아프고, 힘들어도 그걸 핑계로 삼아 주변 사람들에게 필요 이상의 친절과 배려를 요구하고, 또 자신이 선한 영향력을 행사하고 싶으니 돈과 인기를 달라고 요구한다. 그러나 문제는 실제로 아프지 않을 때도, 실제로 선하지 않게 살 때도 그런 요구가 이어진다는 사실이다. 없는 병을 만들어서 주변 사람들의 좋은 마음을 이용하며, 선한 영향력을 미끼로 삼아 타인의 마음을 조종하며 산다. 부자 앞에서는 더 부자인 것처럼, 가난한 사람 앞에서는 더 힘든 것처럼, 그들은 극단의 상황을 오가며, 단지 말과 포장만으로 세상을 살아간다. 실제로 해낸 것은 하나도 없고, 해낸 것처럼 보이려고 만든 껍데기 속에서 가치 없는 삶을 사는 것이다. 자신에게 엄청난 불행이라고 볼 수 있다. 그런 삶은 죽는 날까지 주변의 착한 사람들을 기만하고, 정작 자신은 세상에서 가장 착하고, 약하며, 피해만 보는 천사라고 착각하며 살게 만들기 때문이다.

이 모든 고통의 시작은 없는 것을 있는 척하며 살아가는 삶에서 비롯된다. 그러므로 있는 척, 센 척, 힘든 척, 아픈 척은 인생에 아무런 도움도 되지 않는다.

필사할
문장

"아는 것을 적용하고, 실행해야,

그것을 비로소 나의 것이라 말할 수 있다.

정면으로 승부하며 하나하나 해결해야,

비로소 그걸 자신의 것이라고 부를 수 있다.

결국 삶은 스스로 이겨내야 할 그 무엇이니까."

당신의 오늘은
순간순간 보낸 나날의 합이다

14

과거가 삶의 전부는 아니다.
그러나 분명히 기억하라.
과거를 잊는 자는
과거 속에서 살게 된다.

Johann Wolfgang von Goethe

간혹, 방송에 스타 셰프가 출연해서 예능 활동을 하는 장면을 보면서 "뭐야? 요리사가 식당 주방에 있어야지.", "저러다가 식당 망하지.", "방송에 나와 인기 좀 얻으니 달콤한 맛에 취했구만."이라고 말하며, 본업에 소홀한 그를 비난하는 사람이 있다. 하지만 나는 어떤 경우에도 그런 식의 비난을 결코 하지 않는다.

물론 그들의 그런 행태를 지지하는 것은 아니다. 그럼에도 내가 비난이나 비판을 하지 않는 이유는, 누구보다 치열했던 그들의 과거가 눈에 선하게 그려져서다.

돈은 없지만 요리에 대한 열정은 누구보다 뛰어났을 과거 어느 날, 그들은 10년 넘게 고생해서 번 돈으로, 가장 월세가 싼 동네 골목에 식당을 차렸을 것이다. 그리고 지나가는 동네 사람들의 이런 비아냥거리는 소리도 자주 들었을 것이다. "이번에 시작한 저 식당은 얼마나 갈까?", "우리 내기할까? 3개월이면 망해서 문 닫는다.", "3개월? 에이, 난 한 달이면 끝날 것 같은데!" 모든 시간과 돈을 투자해서 시작한 그들에게 그 대화는 큰 아픔으로 다가와, 가슴에 아물지 않는 상처를 냈을 것이다. 그럼에도 그들은 맛으로 승부하고, 손님에게 진심으로 다가가겠다는 포부를 드러내며, 당장의 이익은 전혀 생각하지 않고, 음식에 마음을 담아 선물하듯 내놨을 것이다. 남편은 더는 움직일 수도 없을 정도로 웍을 치열하게 돌렸을 것이고, 아내는 쉴 틈 없이 홀을 오가며 손님을 맞았을 것이다. 힘들어도 기쁘고, 슬퍼도 웃었을 것이다. 모진 세월은 흘러 어느새 그들은 그 분야의 대가가 되었고, 지금 수많은 방송에 얼굴을 비칠 수 있게 되었다.

물론 다 그런 건 아닐 것이다. 세상 어디에도 100% 통하는 진리는 없으니까. 풍족한 자금을 토대로, 혹은 엘리트의 경로를 통해서 그 자리에 섰을 수도 있다. 하지만 그런 경우는 흔치 않다. 대부분은 힘든 시기를 치열하게 견디며, 조금씩 수면 위로 올라온다. 그들의 미치도록 치열했던 과거의 시간을 안다면, 지금의 그들을 비판하거나 비난할 수가 없다. 최소한 그들은 과거의 어느 시기를 모조리 자기 일에 바쳤던 사람이다.

과거를 잊지 않고, 바라볼 수 있는 안목을 가진 사람이라면, 현재 예능에 나와 얼굴을 알리는 데 몰두하는 그들을 비난할 수는 없다. 어떤 예술 작품보다 고귀하고, 아름다운 그들의 과거를 보기에도 바쁘니까.

필사할
문장

"인생은 결국 그가 하루하루 보낸
사소한 일상의 합으로 결정된다.
누군가에게 무언가를 배우고 싶다면,
즐겁게 웃으며 하루를 즐기는 지금이 아닌,
치열하게 뛰며, 꿈꾸던 과거를 보라."

무기력한 내면을 단단하게 다지는 6가지 방법

15

희망만 있다면, 그 안에서 행복의 싹은 자란다.
희망은 제2의 영혼이다.
당신에게 아무리 불행한 일이 있어도
희망이라는 영혼을 품고 있다면,
쉽게 무너지거나 좌절하지도 않는다.

Johann Wolfgang von Goethe

무기력은 멋진 사람도 순식간에 망쳐 놓는다. 아예 움직이지 못하게 만들고, 모든 희망과 용기를 삭제해 버리기 때문이다. 그러나 누구나 그런 순간을 맞이하지만, 모두가 거기에 매몰돼 자신을 잃는 것은 아니다. 그런 격차가 나는 이유는 간단하다. '내면을 단단하게 다지는 훈련의 부족' 때문이다. 무기력한 내면을 단단하게 다지는 것은 마치 운동을 통해 근력을 키우는 것처럼 '생각의 훈련'을 통해 기를 수 있다. 그 6가지 방법을 소개하니 일상에서 힘이 빠질 때마다 읽고, 내면에 담아보자.

1. 나는 점점 나아지고 있다.

당장 일이 원하는 대로 되지 않는 이유는, 앞으로 더 잘되기 위한 준비를 하고 있어서다. 지금 나를 둘러싼 모든 것은 나아지는 방향으로 멋지게 흐르고 있다.

2. 어떤 힘과 권력도 나를 제어할 수 없다.

잠시 바람에 휘청이며 흔들릴 수는 있지만, 그 모든 것은 그저 나를 스칠 뿐, 내 경로까지 바꿀 수는 없다. 방향을 바꾸는 건, 오직 나의 의지에 달린 일이다.

3. 나는 목표를 이루는 내 모습을 끊임없이 마음에 그린다.

꿈에서도 기억날 정도로 나의 목표를 명확하게 그린 덕분에 아무리 세월이 흘러도 희미해지지 않는다. 결국 나의 내면이 그림을 기억하며, 그것이 현실이 되도록 도와줄 것이다.

4. 아무도 가지 않은 길을 걷는 건 하나도 두렵지 않다.

오히려 모든 사람이 다 지나가는 곳을 또 걸어야 한다는 사실이 나를 절망하게 만든다. 기댈 사람 하나도 없는 여기에서 나는 언제나 새롭게 태어난다. 낯선 길에 서 있는 덕분에 새로운 풍경을 볼 수 있다.

5. 가장 밑에서 시작하는 하루가 아름답다.

나는 내가 잘하지 못하는 분야의 일을 하며, 기쁨과 행복을 느낀다. 그러니 나를 초보자라고 부르며, 비난하는 사람들의 말에 흔들리지 않는다. 이제 올라가서 내려다볼 일만 남았으니까.

6. 현재에 열중하라.

힘들고 외로워도 과거는 돌아보지 않겠다. 역경 중에 행복한 날을 회상하는 것만큼 괴롭고 슬픈 일은 없다. 앞만 보며, 오늘이라는 일상에 무섭게 집중하며 살겠다.

누구도 거부할 수 없는 힘과 무엇도 이겨낼 수 있는 의지력은 외부가 아닌 내부에 있다. 해낼 수 있고, 해내야 한다는 자신감은 언제나 그곳, 내 안에 있다는 사실을 기억하자.

"그대 내면에서 휘몰아치는 소리를
언제나 경청하고, 그 가치를 믿어라.
그럼에도 불구하고 자신을 믿는 사람만이
세상의 믿음도 받을 수 있는 법이니까."

마음의 위기를 다스리는
'혼자 생각법'

16

기쁜 마음으로 일하고,
이미 해 놓은 일을 바라보며,
기뻐할 줄 아는 사람은
언제나 행복 안에서 살 수 있다.

Johann Wolfgang von Goethe

"돌아보면 나를 가장 냉정하게 배신한 사람은 언제나 나 자신이었다." 정말 슬픈 말이다. 그러나 인생을 어느 정도 살아본 사람이라면, 적극 공감할 것이다. 늘 자신과 무언가를 약속하지만, 나를 속이는 건 언제나 나였다. 자신을 속이고, 또 약속하는 나날이 곧 인생이 아닐까 생각할 정도로 우리는 생각보다 자주 자신을 기만하며 살고 있다. 이유가 뭘까? 자신을 중요한 존재라고 생각하는 인식이 부족하기 때문이다. 스스로 자신이 중요한 존재라는 사실을 모르는 사람들은 티가 잘 나지 않는다. 그런 자기 모습을 숨기기 위해 습관적으로 사람들 속으로 숨기 때문이다. 그들은 오히려 주변 사람들을 잘 챙기며, 친절한 사람이라는 평가를 듣는다. 매번 먼저 다가가 이런 방식의 이야기를 자주 한다. "벌써 점심 먹을 시간이네. 우리 이제 슬슬 나가는 게 어때?", "물 준비했어? 거봐, 네가 잊었을까 봐 내가 하나 더 준비했지."

물론 다 그런 건 아니다. 정말로 친절한 마음으로 다가가는 사람도 있다. 하지만 절반 이상은 그렇게 이야기하면서 '넌 내가 꼭 필요해.', '내가 챙기지 않으면 늘 실수를 하지.'라는 의미를 자신에게 부여하며, 스스로 타인을 통해 자기 존재의 필요성을 찾는다. 자신에게서는 존재 가치를 찾지 못하니 자꾸만 타인의 일상에 관여하며, 어떻게든 그 안에서 자신의 존재 가치를 찾으려고 하는 것이다. 결코 친절해서가 아니다. 오히려 나약해서 그런 선택을 하는 것이다. 어리석은 생각이다. 그런 관계는 쉽게 사라지고, 곧 없어지기 때문이다. 자기 삶과 자신이 이룬 결과를 보며 행복을 느끼지 못하니, 자꾸만 타인의 삶에 눈이 갈 수밖에 없다.

마음의 위기를 다스릴 수 있는 사람은, 스스로를 매우 중요한 사람이라고 생각해서 자신을 배신하거나 기만하지 않는다. 그

증거는 혼자 있는 시간에 있다. 나는 아무것도 하지 않고, 또 누구에게도 의지하지 않는 상태로, 혼자만의 공간에서 오랫동안 즐겁게 보낼 수 있는 자가 세상에서 가장 탄탄한 내면의 소유자라고 생각한다.

자신의 가치를 제대로 모를수록, 존재의 이유를 자꾸만 잃어갈수록, 더욱 자신을 꽉 붙잡고 살아야 한다. 다음에 소개하는 3가지 혼자 생각법을 아주 천천히 필사하며, 자신의 가치를 하나하나 찾아보라.

1. 타인에게 억지로 의지하려고 하지 말자.

그는 결국 그의 인생을 사는 사람이고,

나는 나의 인생을 살아야 한다.

2. 고난이 있을 때마다 그것이

참된 인간이 되어 가는 과정임을 기억해야 한다.

늘 고통이 남기고 간 뒤를 보자.

고난이 지나면, 반드시 기쁨이 스며든다.

3. 인간의 방황은 모두 아름답다.

희망과 목표가 나를 방황으로 이끄니까.

그 사실을 기억하며, 혼자의 기쁨을 즐길 수 있는 내가 되자.

김종원의 세계철학전집
✕
괴테 for 성장

2장

젊은 날의 열망은
노년의 삶을 풍요롭게 만든다

Johann Wolfgang von Goethe

힘은 발휘하는 게 아니라
제어하면서 더 세진다

17

당신은 항상 영웅이 될 수는 없다.
그러나 항상 사람은 될 수 있다.

Johann Wolfgang von Goethe

부산의 한 태권도 관장이 행인으로부터 묻지마 폭행을 당했다. 관장이 맞는 모습을 당시 차량에 타고 있던 아이들과 다음 수업을 위해 등원하던 아이들, 동네 주민까지 모두 지켜보고 있었다. 그런데 이상하게도 관장은 맞거나 피하며, 그를 끌어안고 제어하려고 했을 뿐, 주먹을 휘두르거나 공격은 아예 하지 않았다.

분명 모두가 아는 실력자인데, 왜 공격을 하지 않았던 걸까? 그 관장은 맞서서 싸우지 않았던 이유에 대해서 이렇게 답했다. "저도 순간적으로 이성을 잃고, 상대를 공격하려고 했습니다. 하지만 태권도 관장이 사람을 때리면 안 될 것 같아 화는 났지만, 입술을 꾹 깨물며 참았습니다."

한번 상상해 보라. 때리고 싶기도 했을 것이고, 아이들 앞에서 태권도의 가치를 보여주고 싶기도 했을 테다. 하지만 그는 자신이 가진 힘을 보여주기보다 제어하는 모습을 보여주며, 오히려 더 강력한 힘이 무엇인지 세상에 알렸다. 반면, 그는 얼굴에 타박상과 입안이 찢어지는 등의 피해를 입었다. 하지만 그로 인해 가장 빛나는 결실을 하나 맺었다. 바로 관장이 폭력을 휘두르는 대신 경찰이 올 때까지 상대를 진정시키려는 모습을 보며 "우리 관장님은 왜 안 때리느냐?"라며 울먹였지만, 이내 힘을 함부로 쓰지 않아야 함을 눈앞에서 배우며, '태권도'라는 전통 무술에 대한 강한 신뢰를 아이들에게 심어준 게 그것이다.

물론 힘을 쓸 때는 써야 한다. 소중한 자신의 몸을 지키는 것은 당연한 일이다. 하지만 단순히 강한 힘을 자랑하거나 개인적인 통쾌함을 위해서 사용한다면, 그 힘은 가치를 잃게 된다. 어느 쪽이 더 아이들을 위해 좋은 것인지, 또 현명한 선택인지 깊이 생각하며, 때리거나 맞서지 않고, 행인까지 보호하면서 경찰이 올 때까지 시간을 끈 관장의 선택이 그 사실을 증명한다.

　권력도 재물도 모두 마찬가지다. 권력은 쓰지 않을 때, 더 고귀하게 자신을 빛낸다. 온갖 유혹이 우리를 찾아올 때, 우리는 언제나 인간이 될 수 있음을 기억하자. 모두가 영웅이 될 수는 없고, 굳이 그럴 필요도 없다. 그러나 이 사실 하나만 기억한다면, 항상 사람은 될 수 있다.

"힘을 갖는 것은 '대단한 일'이지만,

그 힘을 제어하는 것은 '위대한 일'이다.

위대한 삶은 그저 선택하면 가질 수 있다."

괴테와 백종원 대표의
창조적인 발상법

—— 18 ——

어떤 일을 시작할 때 가장 마지막에 할 일을
처음부터 짐작하며 알고 있어야 한다.
당신이 무엇을 창조할 수 있을지는
처음 시작할 때 이미 결정되어 있다.

Johann Wolfgang von Goethe

백종원 대표에게는 최선의 결과를 내는 독특한 발상법이 하
나 있다. 다른 사람들과는 다르게 음식을 만들 때 가격을 먼저 정
한 후에 시작하는 것이다. 만약 청국장을 메뉴에 넣고 싶다면, 어
떻게든 만든 이후에 가격을 정하는 게 아니라, 먼저 가격을 정한
후에 이런 질문을 던지는 것이다. "이 가격에 맛까지 잡으려면

어떻게 해야 하나?"

　매우 근사한 질문이다. 만약 그가 가격을 정하지 않고 기존의 방식으로 메뉴를 만들었다면, 중간에 창의적인 생각이 들어갈 수 없었을 것이다. 가격에 제한을 두지 않으면, 기존 방식을 그대로 답습하게 되기 때문이다. 중요한 지점이다. 같은 음식이지만 다른 음식을 창조하는 그의 방식에는 바로 이런 발상의 전환이 존재한다.

　괴테 역시 마찬가지다. 그는 자신의 출세작《젊은 베르테르의 슬픔》을 단 4주 만에 완성했는데, 세계 최초의 베스트셀러가 되어 20대 중반의 나이로 하루아침에 전 세계로 명성을 떨치는 작가가 되었다. 《파우스트》와 같은 대작까지 완성하며, 평생 수많은 베스트셀러를 쓴 그에게는 백종원 대표와 마찬가지로 매우 특별한 발상법이 있었다. 바로 이것이다. "나는 100만 명의 독자가 예상되지 않는 책은 한 줄도 쓰지 않는다."

　그렇다. 시작부터 달랐던 것이다. 어떻게든 완성한 이후 "최선을 다했으니 독자가 읽어주겠지?"라는 안이한 생각이 아닌, 시작부터 100만 명의 독자를 구상하며, 끝없이 자신을 혁신한 것이다. 그런 마음으로 시작하니 과정 사이사이에 농밀한 지성이 깃들지 않을 수가 있을까? 그가 무려 60년 동안이나《파우스트》를 쓴 이유도 바로 거기에 있다. 스스로 정한 100만 명 독자의 가슴을 울릴 책을 쓰려면, 실제로 그에게 《파우스트》와 같은 정신과 영혼이 필요했을 테니까.

"아무리 노력해도 결과가 좋지 않다면,
당신의 시작을 다시 생각할 필요가 있다.
시작부터 달라야 한다.
시작부터 당신의 끝을 바라보라.
그리고 끝에 맞는 시작을 준비하라.
당신의 순간순간이 더욱 농밀해질 것이다."

지금 글을 쓰기 시작하려는 사람들에게

19

오히려 신문을 읽지 않으면,
마음이 평화롭고 기분도 좋아진다.
사람들은 자기 눈앞의 의무에는 소홀하면서
너무 남의 일에만 신경을 쓰고 있다.

Johann Wolfgang von Goethe

"글을 쓰며 살고 싶다."는 그대에게 하나 묻는다. "왜 당신은
글쓰기를 배우려고 하는가?", "대체 그걸 어디에서 배울 수 있다
고 생각하는가?" 사람에게는 '인격'이 있고, 글에는 '문체'가 있
다. 세상에 인격을 가르치는 학원이 없듯, 문체도 배워서 가질 수
있는 것이 아니다. 작가의 문체란 가공하는 것이 아니라, 그 사람

마음에 있는 그대로를 보여주는 것이다. 명료한 문체를 갖고 싶다면, 우선 자신의 마음이 명료해야 하고, 숭고한 문체를 갖고 싶다면, 먼저 숭고한 마음을 갖고 있어야 한다.

니체는 자신이 존경하던 괴테의 글쓰기에 대해 이렇게 말하며, 작가의 문체는 삶에서 나오는 것이라는 사실을 분명하게 밝혔다. "괴테는 글쓰기를 통해 예술과 자연이 자기 주변 가까이에 있었음을 깨달았다. 이 같은 착각 없이 괴테는 괴테 자신이 될 수 없었을 것이다. 그는 자기 삶의 작가로 살았고, 자신 외에는 아무것도 바라지 않았기에 지금까지 독일을 대표하는 예술가로 기억될 수 있었다."

괴테가 평생 신문을 읽지 않고 살았던 것처럼 글을 쓰며 살고 싶다면, 오직 자신에게 집중하라. 괴테는 누구의 간섭과 통제도 받지 않고, 오직 누구보다 까다로운 자신에게만 집중하며, 사색하고, 글을 썼다.

'글쓰기'는 '마음 쓰기'다. 혼자서 자기 마음을 탐험하며 보내는 시간을 가질 수 없다면, 진도를 나갈 수 없다. 진정 글을 배우고 싶다면, 당신이 인정한 작가가 어떤 마음으로, 어떤 태도로 글을 써나가고 있는지 일상의 공간을 살펴보라. 거기에 답이 있다. 글을 가공하고, 편집하는 사람이 아니라 일상을 변주하며, 글을 발견하는 사람들을 보며 관찰하라.

세상에 억지로 쓸 수 있는 글은 없다. 만약 작가가 억지로 글을 쓴다면, 독자는 그 글을 억지로 읽어야 할 것이다. 글쓰기를 배워서 해낼 수 없는 이유는, 글은 언제나 어떤 계기에 의해 쓰여져야만 하기 때문이다. 어떤 위대한 작가가 쓰더라도, 돈과 명예 혹은 책이라는 결과가 쓰게 만드는 글은 그 즉시 생명을 잃는다. 괴테가 강조한 것처럼, 언제나 작가가 살고 있는 현실이 글을 쓰기 위한 동기와 소재를 먼저 제공해 주어야 그 안에 생기를 불어넣을 수 있다.

필사할
문장

"진정으로 그대의 가슴속에서 나온 글이 아니라면,
결코 한 줄도 세상에 내보내지 말라.
그런 글은 한 사람의 마음도 움직일 수 없을 테니까."

활력을 유지하는
괴테의 생각법

20

바보와 현명한 자들은
우리 삶에 피해를 주지 않는다.
가장 위험한 사람들은 바로 어중간한 바보와
어중간하게 현명한 사람들이다.

Johann Wolfgang von Goethe

사람들은 늘 새로운 것을 원하는 것처럼 보이지만, 사실은 익숙한 것에서 벗어나는 걸 두려워한다. 익숙한 일상의 반복이 스스로 두렵기 때문에 말이라도 새로운 것을 추구한다. 괴테가 말한 어중간한 바보와 어중간하게 현명한 이들의 삶을 한마디로 압축하면 이렇다. "환경에 익숙해진 인간의 몸이 둔해질수록 그의 말은 부지런해진다."

진짜 현명한 사람들은 반대로 말은 아끼고, 몸을 부지런히 움직인다. 지성을 무기로 삼고, 무언가에 집중하는 사람들의 일상이 바로 그렇다. 그들은 자기가 무슨 일을 하고 있는지, 무엇을 성취하려고 하는지, 그것조차도 말할 여유가 없다. 모든 시간을 몸과 생각을 움직이는 데 사용해야 하기 때문이다. 어리석은 자들로 인해서 손해를 보고 싶지 않다면, 이 사실을 늘 기억해야 한다. "입이 살면 일상이 죽는다."

죽는 날까지 활력을 유지한 괴테는 가장 현명한 삶을 살기 위해 이런 방법을 구상해서 평생 실천했다.

1. 늘 생각을 켜라.

중요한 것은 입이 아닌, 생각을 항상 켜두는 일이다. 이를 위해 그는 언제나 접하는 모든 것으로부터 영감을 발견했다. 그는 마치 자동차에 설치한 블랙박스가 시동을 꺼도 주위를 관찰하며 주시하는 것처럼, 24시간 내내 주변을 관찰하며, 하나하나 섬세하게 기록했다.

2. 영감을 경영하라.

영감을 경영하는 그의 방법은 독특했다. 일단 대상으로부터 받은 인상을 관찰하고, 그것을 시간을 두고 천천히 소화하며, 더 천천히 그것을 내 안에서 파기하는 것이다. 역발상이다. 소화한 이후에 파기한다는 것은 아예 버린다는 의미가 아니다. 상대의 것이었던 영감을 내 삶에 맞게 변형하는 것을 의미한다.

3. 비판과 근거를 동시에 말할 수준에 도달하라.

비판은 입이 하는 일이고, 근거는 일상으로 설명할 수 있는 실천의 범주에 속한 일이다. 괴테는 어떤 영감을 받아들인 후에 성실한 주의와 끊임없는 노력으로 그 일에 대한 비판과 동시에 근거를 말할 수 있는 수준에 도달했다. 서툰 비판은 설익은 생각을 증명할 뿐이다. 뭐든 더 생각하면, 근거는 반드시 나온다. 그것까지 나와야 그 비판을 나의 것이라고 말할 수 있다.

곁에 있는 사람의 일상까지 타오르게 할 삶의 활력은 결국 깊은 생각에서 나온다. 괴테의 방법을 통해 우리는 주어진 일상을 더욱 풍요롭게 할 수 있다. 주의할 게 하나 있다. 괴테는 반드시 이걸 명심해야 한다고 강조한다.

"무슨 일에서든

무엇인가 얻는 것이 반드시 있다.

그 사실을 늘 기억하라.

여기에 뭔가 있다.

그대 앞에도 뭔가 있다."

사랑할 수 없는 것들을
사랑하라

21

사랑하는 것이 인생이다.
사람과 사람은 하나가 되어야 하고,
인생의 기쁨은 거기에서 시작한다.

Johann Wolfgang von Goethe

나는 "사랑하는 것이 인생"이라는 그의 말에서 나의 독서를
바꿀 실마리를 찾았다. 상상 속에서 그는 다시 내게 이렇게 말했
다. "내 나이 여든이 지났지만 나는 아직 독서를 모른다." 왜 최
고의 지성인인 괴테가 그런 말을 했을까? 나는 최근에 겪은 일
로, 괴테에게서 깨달은 바를 설명하려고 한다.

여기는 서울의 한 대형마트. 한 아이가 마트 시식 코너에서 만두가 든 종이컵을 두 개나 가져간다. 그 모습만 봤을 땐 이렇게 생각했다. '둘 다 먹으려고? 어린아이가 욕심도 많네.' 귀엽긴 했지만, 사실 좋은 생각은 들지 않았다. 그렇게 고개를 돌려 다른 곳으로 가려다가 뒤에서 무슨 일이 일어나고 있다는 강한 느낌이 들어서 돌아봤다. 거대한 빛이 내 시선을 이끌었다. 바로 이 풍경이다. 유모차에 앉아 있는 동생 입에 만두를 넣어주는 형의 모습. 그렇다. 그 어린아이가 컵을 두 개나 가져간 이유는, 일어날 힘이 없어 유모차에 앉아 있던 예쁜 동생에게 주기 위해서였다. 나는 아이와 부모의 허락을 받고 사진을 찍었다. 그리고 그 모습이 예뻐서 한참을 지켜봤다.

당신도 한번 상상해 보라. 무릎을 꿇어 동생 앞에 앉아 동생 하나 먹여주고, 자기 입에도 하나 넣고. 세상에 이보다 더 따스한 풍경이 있을까? 동생 앞에 무릎을 꿇은 형의 뒷모습을 바라봤다. 공주에게 청혼하기 위해 무릎을 꿇은 세상의 그 어떤 왕자보다도 근사했고, 멋진 공간을 만들고 있었다. 그 시간, 수많은 사람 중에서 그 작은 두 아이가 풍경의 주인공이었다.

그 마음을 알게 된 후, 나의 독서는 급격하게 변했다. 처음 듣는 단어와 처음 겪는 문화도 쉽게 이해할 수 있게 되었고, 어떤 독서법으로도 도달할 수 없었던 '공감'과 '연결'의 경지에 다가

갈 수 있었다. 이제 내게 이해할 수 없는 텍스트는 존재하지 않게 되었다. 또한 전혀 말이 되지 않는 문장도 서로 연결할 수 있는 힘도 갖게 되었다.

　모두 사랑이 한 일이다. 사랑을 알게 된 후, 어떤 혼란에서도 지금 내가 읽고 있는 책과 문장이 내게 무언가를 줄 거라는 확신을 갖게 되었다. 어떤 예비 지식도 없이 그저 그것을 읽고, 실천하면서, 나만의 것으로 만들었다. 문장의 구성, 언어의 변화를 마음에 새기고, 모든 책이 말하는 것을 가슴에 담았다. 어떤 비평에도 흔들리지 않았고, 유혹에 빠지지도 않았던 덕분에 내가 읽고 산 세월은 모두 나의 것이 되어 나를 도왔다. 모두 사랑이 이룬 결과다.

"내가 더 안다고 생각하며 가르치고,

자신은 배우려고 하지 않으면,

세상은 자기 모습을 보여주지 않는다.

보라, 보이지 않는 것을.

믿어라, 믿기지 않는 것을.

사랑하라, 사랑할 수 없는 것을.

그리하면 모든 세상이 그대의 것이다."

이런 제목의 기사와 포스팅만
클릭하지 않아도 지성이 깊어진다

22

햇빛에 비치면 먼지도 빛난다.

그대, 아름다운 시선을 유지하라.

신도 절망하는 곳에는 나타나지 않는다.

Johann Wolfgang von Goethe

세상에는 읽고, 낭독하고, 필사하면, 지성이 깊어지는 글도 있지만, 아무리 읽고, 또 반복해서 필사해도 지성에 전혀 영향을 미치지 않고, 오히려 어리석은 삶을 살게 만드는 글이 있다. 그런 글은 제목이 매우 유혹적이라 의식을 하고, 정신을 차리지 않으면, 어느새 클릭해서 읽고 있게 되니, 그런 삶을 살고 싶지 않다면 정신을 바짝 차리고, 아래 7가지 사항을 암기하듯 읽어보라.

1. 특정한 집단이나 타인을 비난하는 제목
2. 비속어와 욕으로 가득한 제목
3. 누군가의 흉을 보는 제목
4. 유명인들 부동산 구매와 이혼 소식의 제목
5. 남의 힘든 이야기를 못되게 조롱하는 제목
6. 편향적인 성향이 들어난 제목
7. 쉽게 무언가를 배우거나 창업할 수 있다는 제목

공통적으로 무엇이 느껴지는가? 이런 제목을 달고 나온 온갖 기사와 글은 순간적으로 통쾌하거나 작은 기쁨을 느낄 수 있으나, 장기적으로 보면 아무런 쓸모도 없는 글일 가능성이 매우 높다. 이런 제목의 글을 클릭하지 않는 것에도 일정 수준의 지성이 필요하다. 자신이 해야 할 일이 분명히 있으며, 하루를 열정적으로 사는 사람에게는 타인을 비난하고, 흉을 보기 위해서 쓸 시간이 없다. 자신에게 줄 시간도 충분하지 않아서다.

절망과 시기, 질투와 혐오가 가득한 글을 읽지 말라. 신도 그런 곳에는 나타나지 않으니까. 희망으로 채운 자리에 신도 나타나 당신에게 행운의 기회를 선물한다. 그래서 늘 절망은 더 깊은 절망을 부르고, 희망은 더 빛나는 희망을 초대한다.

"당신의 시간을 모두 당신을 위해서 쓰라.

가장 귀한 것을 왜 굳이 잘 모르는

누군가를 비난하고, 비방하는 데 쓰는가.

그 귀한 것을 모두 자신에게 허락하라."

자꾸 반복하면 무식해지는
2가지 표현

23

현명한 답을 얻고 싶다면,
현명한 질문을 해야 한다.
원하는 수준에 맞는
질문을 찾아서 던져라.

Johann Wolfgang von Goethe

　살다 보면 이런 이야기를 자주 하는 사람을 만나게 된다. "너
한테 그럴 자격이 있다고 생각해?", "그래, 내가 너 그건 인정한
다." 어떤가? 좋은 느낌이 들지는 않는다. 그러나 지금도 수많은
사람이 자신도 모르게 이런 방식의 말을 타인에게 던지고 있다.
하지만 지성의 관점에서 볼 때, 이런 방식의 말은 자신을 점점 무

식하게 만드는 표현일 뿐이다. 평가의 기준이 늘 타인에게 맞춰져 있기 때문에 자신을 돌아보지 못하게 만들어서 그렇다.

'자격'과 '인정'이라는 표현은 언제나 자신을 향해 있어야, 점점 성장하는 자신을 만들 수 있다. 이를테면, 이런 방식으로 자신을 향하게 만드는 것이다. "나에게 그럴 자격이 있나?", "나는 나의 노력을 인정할 수 있나?"

이렇게 자격과 인정이라는 표현을 자신에게 돌리면, 그 순간부터 수많은 지성을 내면에 담을 수 있게 된다. 나도 마찬가지다. 나는 늘 내게 이렇게 묻는다. "나는 작가로 불릴 자격을 갖추고 있나?", "나는 내가 쓴 글과 책을 인정할 수 있나?"

이건 결코 자신을 망치거나 힘들게 만드는 말이 아니다. 오히려 자신의 하루를 매일 점검할 수 있게 해주며, 부족한 점을 바로바로 채워주는 질 좋은 연료 역할을 하는 고마운 표현이다. 끝없이 나 자신을 생각하게 만들어 주는 덕분에 나도 몰랐던 나 자신을 발견하는 선물과도 같은 순간도 만날 수 있다.

세상에는 공부를 많이 하고, 배운 것도 많지만, 이상하게 점점 지성과 지혜와는 상관없는 길을 걷는 사람들이 있다. 그런 삶을 살고 싶지 않다면, 더 많이 배우고, 지식을 쌓는 것보다 자격과 인정이라는 표현을 자신에게로 돌리는 게 효과적이다.

"지혜로운 사람은 늘 자신에게 묻는다.

'나에게 그럴 자격이 있나?'

'나는 나를 인정할 수 있나?'

자신에게 더 많이 질문하는 사람이

자신으로부터 더 많은 것을 꺼낼 수 있다."

누군가를 롤모델로 삼고
꿈을 꾸고 있는 사람들에게

24

내가 반복하는 것이 나를 증명한다.
세상에서 가장 행복한 사람은
매일 자기 자신이 반복하는 것을
기쁜 마음으로 즐기는 사람이다.

Johann Wolfgang von Goethe

사이토 다카시(さいとうたかし)라는 일본 메이지대학교 문과대 교수이자 작가가 있다. 일본에서 가장 주목받는 베스트셀러 작가이자 언어학자인데, 무려 150권에 가까운 책을 냈으며, 발표하는 책의 대부분이 베스트셀러가 되었다.

책을 100권 정도 쓰다 보니 최근 나를 두고 '한국의 사이토 다카시'라고 부르는 사람이 많아졌다. 여전히 부족한 내게는 과분한 평가다. 그런데 흥미로운 일이 생겼다. 최근 내가 그가 새롭게 한국에 소개하는 책에 추천사를 썼다는 사실이다. 초보 작가 시절, 베스트셀러 코너에 있던 그의 책을 읽기만 하던 내가, 이제는 그의 책에 추천사를 쓰는 입장이 된 것이다.

다시 말하지만, 나는 여전히 부족하다. 그러나 누군가 그 비결이 뭐냐고 묻는다면, 나는 바로 이렇게 답할 수 있다. "그냥 누구나 계속, 꾸준히 하다 보면 됩니다."

계속해야 하는 이유는 분명하다. 괴테는 수준 낮은 예술가들에게서 흔히 나타나는 결점에는 다음 두 가지가 있다고 조언한다. 하나는 독창적인 생각이 떠오르지 않으면 남의 것을 모방한다는 사실이고, 나머지 하나는 독창적인 생각이 있지만 안타깝게도 그것을 다룰 줄 모른다는 사실이다. 결국 그들이 낮은 수준에 머무르는 이유는 계속한 세월이 길지 않아서, 독창적인 생각을 만들거나 그것을 활용할 능력을 갖고 있지 않아서다.

도달하고 싶은 어떤 수준이 있다면, 계속해서 반복하라. 그래야 독창적인 나만의 방식을 만들 수 있다. 그래서 지금 누군가를 롤모델로 삼고, 꿈을 꾸고 있는 사람들에게 나는 꼭 이 말을 들려주고 싶다.

"계획이나 전략도 물론 좋지만,

큰 계획을 대충 정한 다음에는

내가 이래도 되나 싶을 정도로

그냥 무작정 계속 하라.

반복한 시간이 당신의 의지를 증명하고,

그렇게 쌓인 세월은 당신이 누구인지

세상에 알려줄 테니까.

반복이 세상에서 가장 지혜로운 전략이다."

당신이 같은 실패를 거듭하며 망하는 이유

25

다른 사람이 나를 좋은 곳으로
인도해 줄 것이라는 막연한 믿음이
내 인생과 계획을 순식간에 망치고,
엉뚱한 곳으로 이끌고 간다.

Johann Wolfgang von Goethe

세상에는 다양한 투자 영역이 있다. 그러나 대부분의 투자가
결국에는 '본전만 찾으면 미련 없이 이 바닥을 떠나고 싶다.'라는
결론과 만나는 이유는 뭘까? 스스로 선택하고, 스스로 생각해서
시작한 투자가 아니었기 때문이다. 가장 위험한 말은 이것이다.
자신이 손해를 본 금액을 떠올리며, 그들은 이렇게 자신을 위로

한다. "그래, 수업료 냈다고 생각하자."

그러나 80% 이상의 투자자에게 그건 수업료가 아니다. 극단적으로 말하자면, 그냥 돈을 버린 것에 불과하다. 이유는 간단하다. 다시 강조하지만, 스스로 선택하고, 생각해서 시작한 투자가 아니기 때문이다. 무엇을, 누구에게, 어디에서 배울지를 스스로 정해야 그게 수업이 될 수 있지, 하나도 스스로 정한 게 없는 상태에서 진행한 모든 실패는 결코 수업이 될 수 없다. 그래서 본전만 찾으면 떠난다고 말하는 그들 중 다수는 원하는 목표를 이루지 못하고, 배운 것도 하나 없이 돈과 시간만 낭비한다.

수업은 아무나 할 수 있는 게 아니다. 지적으로 매우 높은 수준에 도달한 사람만이 누릴 수 있는 고수의 영역이다. 지금 이 시간에도 누구나 실패한다. 그러나 다수의 실패는 그저 실패로만 끝나고, 소수의 사람만이 실제로 실패를 통해 새로운 무언가를 배우며, 양질의 수업을 한 효과를 누린다. 후자의 실패는 전자의 성공보다 아름답고 숭고하다. 그 소수가 되고 싶다면, 언제 무엇을 하든 작은 것 하나라도 스스로 생각해서 선택해야 한다. 그래야 그 공간의 주인이 되어 실패를 하더라도 좋은 자양분으로 흡수할 수 있다.

"내가 무엇을 배워야 하고,

그걸 누구에게서 배워야 하고,

어떤 방식으로 배울 것인지

모두 스스로 정해야 한다.

그래야 그 공간의 주인으로 살 수 있다."

고생하는 나를 위로하는
9가지 주문

— 26 —

목표에 가까워질수록
고난과 시련의 힘은
점점 더 강해진다.

Johann Wolfgang von Goethe

지금 심각하게 고생한다는 것은 곧 목표로 생각한 지점에 도
착한다는 행복의 신호와도 같다. 매우 중요한 지점이다. 그걸 모
르면 자신에게 슬픔의 말을 들려주게 되지만, 그걸 아는 사람은
자신에게 위로와 격려의 말을 들려주게 된다. 그래서 잘되는 사
람은 늘 잘되고, 잘 안되는 사람은 계속해서 불행한 소식만 들린

다. 당신이 지금 힘든 이유는 곧 목표에 도달한다는 신호라는 사실을 반드시 깨달아야 한다. 그리고 자신에게 이런 말을 들려주며, 곧 목표에 도착할 힘든 자신에게 위로의 언어를 들려주자.

1. 할 수 있다는 그 마음이 결국 모든 것을 이긴다.
2. 나만 스스로 인정한다면, 나는 충분히 괜찮은 사람이다.
3. 누군가를 위로할 시간에 여기 힘든 나를 먼저 위로하자.
4. 지금 할 수 있는 일을 하고, 나의 장점을 찾는 하루를 보내자.
5. 나의 고통스러운 이 시간은 나만 만들 수 있는 예술 작품이다.
6. 방황한다는 건 노력한다는 증거고, 노력한다는 건 사랑한다는 증거다.
7. 죽는 날까지 잊지 말자. 살아 있다면 뭐든 할 수 있다.
8. 나는 무엇도 불평하지 않는다. 모두 하나하나 스스로 이겨낼 것이다.
9. 내가 보낸 시간은 사라지지 않고, 내 두 눈과 가슴에 산처럼 쌓여 있다. 나는 점점 나아지고 있다.

괴테는 《파우스트》를 무려 60년 동안이나 집필했다. 이유는 간단하다. 그럴 가치가 충분해서였다. 그래서 쓰는 내내 죽음의 순간이 찾아와도 스스로를 위로하며, 자신을 지켰다. 그 가치를 스스로 깨닫고, 위대한 목표를 세운 사람은 쉽게 무너지거나 포기하지 않는다. 당신이 지금 힘든 이유도 마찬가지다. 듣기만 해도 가슴이 뛰는 멋진 목표를 내면에 품고 있어서 그렇다.

"힘들게 얻은 것은 쉽게 나를 떠나지 않는다.

하지만 쉽게 얻은 것은 쉽게 나를 떠난다.

좀 더 시간을 투자하면 좀 더 소중해지고,

그 끝에서 아름다운 결과를 만날 수 있다."

우리는 누군가를
위로할 줄 모른다

27

비난보다는 격려가 아름답다.
누군가의 잘못을 바로잡는 것도 좋지만,
그보다는 격려가 더 많은 일을 한다.
잘못한 것을 바로잡은 후
들려주는 따스한 격려는,
샤워 후에 비치는 햇살과도 같다.

Johann Wolfgang von Goethe

여기, 각각 백혈병과 뇌종양을 앓고 있는 두 아이를 돌보는 부모가 있다. 그러나 그들 부부를 더 아프게 하는 건 따로 있었다. 바로 그들 부부를 찾아와 위로하는 지인들의 말이 그 악독한 주인공이다. 하루는 고통스러운 항암치료를 받는 두 아이를 바라보며 울고 있는 부부에게 지인들이 찾아와 이렇게 위로했다. "하나님

앞에서 잘못한 일이 있는지 생각해 보세요.", "애들은 할 수 없지, 너라도 살아야지.", "애들 생각해서라도 네가 더 힘을 내야지!"

충격적이다. 이런 말이 듣는 사람에게 위로가 될 수 있을까? 아픈 아이를 바라보며 울고 있는 부모에게 "네 잘못을 생각해 보라."라고 말하거나 "죽어가는 애들은 할 수 없으니 너라도 힘을 내서 살라."라는 말이 과연 위로가 될 수 있을까?

이런 글을 읽을 때 대부분은 "에이, 누가 이렇게 말하겠어?"라며 믿지 않지만, 말은 순식간에 지나가는 거라서 인지하지 못하고 있을 뿐, 그렇게 말하는 당신 역시도 이런 말들의 주인공일 수 있다는 사실을 늘 인지하고 있어야 실수하지 않을 수 있다.

나는 이런 방식의 위로를 '위로를 위한 위로'라고 생각한다. 때론 서툰 위로는 거센 비난보다 사람을 더 아프게 만든다. 대부분의 사람은 상황 그 자체가 아닌 주변에서 들려주는 미성숙한 위로의 말 때문에 더 상처받고, 아파한다. 위로의 말로 상대의 아픈 마음을 안아주고 싶다면, 다음 3가지 원칙을 기억할 필요가 있다.

1. 굳이 많은 말을 하려고 하지 말라.

2. 조용히 듣는 게 가장 따뜻한 위로다.

3. 다 듣고, 진심으로 공감하면, 그걸로 충분하다.

위로는 인간에게 꼭 필요한 삶의 도구 중 하나다. 그러나 누군가를 위로하는 법에 대해서 살면서 배운 적이 없어서, 늘 곤란한 상황 속에서 혼란스러운 마음을 갖고 살게 된다. 마음을 텍스트로 바꿔서 전하는 과정은 언제나 참 힘들다. 그럴 땐 위에 소개한 3가지 위로의 원칙을 떠올리며, 조용히 다가가라.

"많이 듣고 적게 말하라.

그저 조용히 듣고 공감하라.

그리고 당신이 공감한 것이 무엇인지

가장 간단한 말로 쉽게 전하라.

진실한 위로의 말은 그렇게 탄생한다."

기적을 만드는 일상의 예술은
이런 태도에서 나온다

28

꽃을 주는 것은 자연이고,
그 꽃을 곱게 엮어서
화환을 만드는 것은 예술이다.

Johann Wolfgang von Goethe

과오는 인간에게만 있다. 반대로 생각하면, 인간인 이상 과오
는 없을 수 없다. 다만, 그럼에도 개선하는 존재가 인간이라고 생
각하며, 이 글을 읽는 게 좀 더 생산적이다.

자, 그럼 과오는 왜 일어나는 걸까? 인간에게 있어서 과오는
자기 자신이나 타인 그리고 사물에서 올바른 관계를 찾아내지

않은 데서 비롯된다. 여기에서 중요한 건 '찾지 못하는 것'이 아니라 '찾지 않는 것'이라는 사실이다. 능력이 아닌 의지의 문제라서 누구든 의지만 가지면, 자신의 하루를 예술적 수준으로 끌어올릴 수 있다.

실제로 과오나 허물은 일식이나 월식과 같아서 평소에도 그 모습을 나타내고 있으나 의지를 갖고 바라보지 않으면, 보이지 않는다. 하지만 다음에 소개하는 10가지 삶의 태도를 통해서 의지를 갖고 고치면, 가능하다. 당신이라는 꽃을 어떻게 엮어 아름다운 화환으로 만들지 충분히 읽고, 사색한 후, 그 삶을 시작해 보라.

1. 아침에 일어나 늘 자신의 하루를 축복하기

2. 하루를 보내며 매일 사소한 변화를 눈에 담기

3. 산책하며 걸을 수 있다는 기적을 늘 실천하기

4. 이것과 저것을 늘 긍정적으로 연결하며 살기

5. 된다는 생각에서 계산을 시작하기

6. 일의 시작과 끝을 하나로 연결하는 습관 갖기

7. 매일 10개 이상의 질문을 동시에 품고 살기

8. 영감이 떠오르면 그것 하나만 지독하게 생각하기

9. 어떤 경우든 가장 정중한 표현으로 의견을 전달하기

10. 언어 수준이 높은 사람의 글과 말을 자주 접하기

어렵다고 생각할 수도 있다. 하지만 시작해 본 사람은 안다. 위에 소개한 10가지 삶의 태도를 통해서 얻은, 예술과도 같은 일상이 어떤 어려움도 견딜 수 있을 정도로 근사하다는 사실을 말이다.

"뭐든 일단 열정을 다해서 해보면,

그 떨림을 멈출 수 없게 된다.

그럴 정도의 가치가 충분하다는 사실을

온몸으로 깨달은 덕분이다."

가장 따뜻했던 당신이
냉정하게 변한 이유

29

나는 나의 삶을 사랑했고,

아파했으며,

그리하여 새로운 것을 배웠다.

Johann Wolfgang von Goethe

삶의 마지막 순간, 괴테가 유언처럼 찾았던 것은 '빛'이다. "오, 조금 더 빛을 내게!" 그렇게 빛과 온기를 사랑했던 괴테였지만, 늘 일상에 온기만 가득했던 것은 아니다. 그 어려웠던 시절을 회상하며, 그는 이런 고백을 한다. "인간의 본성에는 놀라운 힘이 있습니다. 희망이 전혀 존재하지 않을 때도 그 힘은 우리를 위해 무엇이라도 좋은 것을 마련해줍니다. 고백합니다. 나는 살면서 자주 눈물에 젖은 채로 잠에 들었죠. 하지만 눈물 속에서만 살았던 것은 아닙니다. 그 안에서 나는 나를 위로했고, 또 무언가를 배웠죠. 덕분에 다음 날 아침에는 다시 기운을 차려 하루를 힘차게 시작했습니다."

그의 말은 우리에게 수많은 영감을 준다. 뜨겁게 타오르던 촛불도 결국 시간이 지나면 차갑게 식는다. 누구보다 사람에게 따뜻했던 당신이 차갑게 변한 이유도 바로 거기에 있다. 그 사람에게 당신이 가진 모든 온기를 다 줬기 때문이다. 평생 돌아서지 않을 것처럼 그에게 최선을 다했기에, 누구보다 냉정하게 돌아설 수 있는 것이다.

오히려 처음부터 미지근한 마음으로 인연을 대했던 사람들은 뒤늦게 후회하며, 떠나는 사람을 붙잡으며 애원한다. "내가 더 잘할게.", "조금만 지켜봐 줘." 이유는 간단하다. 자신의 온기를 아끼며, 상대에게 전혀 주지 않았기 때문이다.

남아있는 미련은 타오르지 못한 촛불의 증거이기도 하다. 하지만 충분히 자신을 태운 사람은 그저 스치는 바람처럼 가볍게 떠난다. 그런 당신은 냉정한 사람이 아니라, 한때 누구보다 따뜻했던 사람이다. 한 사람을 마음껏 믿고, 사랑했던 사람만이 누구보다 냉정하게 그를 떠날 수도 있다. 그리고 괴테가 그랬던 것처럼 무언가를 새롭게 배울 수도 있다. 다 준 사람은 그 빈 공간에 다시 새롭게 무언가를 채우게 된다. 더 풍족해지고, 더 커지고, 더 넓어진다.

"지금 당신이 머무는 차가운 삶의 온도는
가장 뜨겁게 타오르던 사람에게만 주어지는
믿고, 사랑했던 자만 즐길 수 있는 특권이다.
곧 따스한 봄날의 온기가 찾아올 테니,
지금 이 순간을 아름답게 즐겨라."

나의 가치를 깎는 사람과
어울리면 망하는 이유

30

일상이 가장 위대한 자산이다.
이 세상 어떤 것도
내가 누리는 오늘 이 시간보다
더 비싸거나 귀중하지 않다.

Johann Wolfgang von Goethe

제목은 이렇게 썼지만 남의 가치를 깎으며 제안을 하는 건, 사
실 상대방보다 자기 자신에게 최악의 선택이다. 상대가 아닌 나
를 망치는 일이기 때문이다.

예를 들면 이런 것들이 있다. "강연료로 100만 원을 받으시는
걸 알고 있지만, 50만 원만 받고 오실 수는 없나요?", "제가 책을

무료로 증정하겠습니다. 리뷰 하나 작성해서 SNS에 업로드 가능
할까요?"

이런 제안이 자신의 리스크나 비용은 절감하고, 상대의 희생
이나 좋은 마음(?)을 기대하는 말처럼 읽힐 수도 있지만, 조금만
깊게 생각해 보면, 전혀 그렇지 않다. 이렇게 상대의 희생을 강요
(?)하는 말이 결국에는 자신이 만든 제품이나 서비스의 수준과
질까지 동시에 낮추기 때문이다. 그가 제안한 말을 잘 생각해 보
라. 각각 이런 해석이 가능하다.

"강연료로 100만 원을 받으시는 걸 알고 있지만, 50만 원만 받고
오실 수는 없나요?"

→ "저는 당신에게 50만 원 정도의 가치만 봅니다. 딱 그 정도만
하고 가세요."

"제가 책을 무료로 증정하겠습니다. 리뷰 하나 작성해서 SNS에
업로드 가능할까요?"

→ "저는 당신의 리뷰에서 딱 책 한 권 정도의 가치만 봅니다. 2만
원짜리 리뷰 하나 써줘요."

이런 과정이 반복해서 이루어지면, 상황이 어떻게 될까? 그가

만든 서비스의 가치가 낮아지고, 그가 알리는 책의 가치도 낮아진다. 이유는 간단하다. 그가 매일 자신의 생각과 말을 통해서 그렇게 만들고 다녔기 때문이다. 그러니 앞으로 당신의 가치를 팍팍 깎으며 다가오는 사람을 만난다면, 측은하게 생각하며, 그들을 피하라. 그들은 결국 자기 자신과 주변에 있는 모든 사람을 망치는 사람이기 때문이다.

반대로 자신의 가치를 점점 높이는 사람이 되고 싶다면, 누군가에게 무언가를 제안할 때, 그가 평소 받는 것보다 조금 더 높은 가치를 제안하라. 그건 스스로가 높아지는 일이며, 동시에 "나는 당신에게서 이 정도의 가치는 만들 수 있어."라는 자신감의 표현이기도 하다.

가치는 가진 자의 것이 아니라, 바라보며 높일 수 있는 자의 것이다. 점점 인생이 상승하며, 나아지는 사람들은 아무리 사는 게 어려워도 결코 타인의 가치를 깎지 않는다. 꼭 기억하라.

"나도 받고 싶은 것을 상대에게 주고,

내가 살고 싶은 현실을 상대에게 보여줘라.

그럼 그대로 돌려받게 될 것이다."

당신의 진심은 언제든
오해를 받을 수 있다

31

이해하지 못하는 부분을
굳이 상대에게 설명할 필요는 없다.
애초에 모든 사람은
본인이 이해한 것만 들으려고 한다.

Johann Wolfgang von Goethe

무언가를 안다고 하는 것은 무엇을 말하는 걸까? 우리는 무엇을 알고 있는가? 당신의 생각은 어떤가? 괴테는 안다는 것에 대해서 이렇게 정의한다. "우리가 가진 모든 지식을 총동원한다면, 과연 어디까지 도달할 수 있을까? 우리는 이 세상의 온갖 수수께끼를 풀기 위해 태어난 것이 아니다. 그저 문제를 연구하며, 자신이 이해할 수 있는 범위 안에서 활동하는 것이다."

우리는 그저 우리가 이해한 만큼의 세상만 볼 수 있다. 내 앞에 존재하는 것들은 내가 이해할 수 있는 덕분에 볼 수 있는 것이다. 우리는 이해하지 못한 것은 볼 수 없다. 언어도 마찬가지다. 모든 사람의 수준은 제각각이다. 그러므로 우리는 반드시 이런 사실을 알고 있어야 한다. "나의 진심은 언제든 오해를 받을 수 있다." 그래서 다음과 같은 자세를 갖기를 권한다.

1. 사람들이 당신의 진심을 얼마나 오해하고 있는지 알게 되면, 당신은 앞으로 사람들 앞에서 한마디도 하지 못하게 될 것이다.

2. 입을 여는 만큼 우리는 오해를 받게 된다. 하지만 그게 결코 우리가 입을 닫아야 하는 이유는 아니다. 그럼에도 불구하고 우리는 계속 말해야 한다.

3. 당신의 말이 당신의 진심에서 나온 것이라면, 좀 더 용기를 내라. 진실한 마음은 세상에서 가장 큰 자산이니 그걸 믿고, 좀 더 힘을 내자.

4. 반발이 있다는 건 가치가 있다는 증거다. 새롭게 무언가를 세

상에 주려는 자는 언제나 반대 의견을 만나게 되며, 이유 없는 오해를 받게 된다.

5. 이유가 없다는 게 오히려 당신이 그럼에도 일어설 이유다. 반발을 위한 반발이라는 증거이기 때문이다. 그들에게 당신의 진심을 보여줘라. 당당한 표정과 뜻을 조금도 잃지 말고, 분명하게 전달하라.

괴테의 말처럼 이 세상은 평지에서 보는 것과 산의 정상에서 보는 것이 각각 다르다. 서로의 입장이 모두 다르고, 수준에 따라서 보이는 지점도 다 다르다. 그래서 우리는 늘 강한 마음을 유지해야 한다. 거절당할 수 있고, 오해도 받을 수 있다. 다만, 자신에게 강한 믿음이 있다면, 그럼에도 불구하고 자신의 생각을 유지하며, 세상에 전할 수 있어야 한다.

"진심이라서 더 힘을 내야하고,

진심이라서 더 앞으로 나아가야 한다.

당신이 품은 그 진실한 마음은

포기할 수 없을 정도로 귀한 것이니까.

아무도 바꾸지 못하고 있다면,

당신이 나서서 모두 바꾸라."

당신에게 힘을 주는 사람의
존재를 잊지 말라

32

사람들은 저녁이 되어서야
집의 고마움을 깨닫는다.

Johann Wolfgang von Goethe

"작가님, 사인 좀 받을 수 있을까요?" 나는 이런 특별한 사인 요청을 자주 받는다. 바로 내 책이 아닌 도서관에서 제공한 A4용지에 사인을 해달라는 부탁이다. 대부분 그들은 부끄럽거나 미안한 표정을 짓고 있다. 다들 내가 쓴 책을 들고 서 있는데, 자신만 종이 한 장을 들고 있기 때문이다. 이유는 간단하다. 갑자기 나와서 책이 없거나, 나를 잘 모르는 사람이라서 그랬거나. 하지만 나는 그럴 때 더 분명한 음성으로 이렇게 답한다. "물론이죠. 오히려 더 감사합니다."

실제로 나는 그들에게 더 감사하다. 얼마나 받고 싶은 사인이었으면, 책도 아닌 A4용지를 들고 서 있겠는가. 처음에는 잘 모르는 사람이라 그냥 앉아서 강연을 들었는데, 듣다가 보니 점점 마음이 이끌려서 사인을 받고 싶은 마음이 든 것이니 내 입장에서는 더 고마운 사람일 수밖에 없다. 그 마음의 온기를 나는 충분히 느낄 수 있어서, 오히려 더 고마운 마음으로 사인을 하고, 함께 사진도 찍는다.

내게 사람이 온다는 건 정말 위대한 일이다. 그가 느끼는 감정과 사랑 그리고 좋은 마음까지 모두 같이 온다는 사실을 의미하고 있어서다. 손에 무엇을 들고 있든지 그 물건은 전혀 중요하지 않다. 책을 든 이도 소중하고, A4용지를 든 이도 소중하다. 모두 그 안에 따뜻한 마음을 간직하고 있으니까. 게다가 그들이 있어서 내가 글을 쓰면서 편안하게 살고 있는 것 아닌가.

우리는 늘 이렇게 내게 힘을 주는 사람의 존재를 잊지 않아야 한다. 그러나 몸이 피곤해져야 생각나는 집이나 의자처럼, 평소에는 그 고마운 마음을 느끼지 못하고 살아가게 된다. 우리는 늘 누군가에게 도움을 받으며 살고 있다. 물론 어느 정도 타고난 능력을 갖추고 있기는 하지만, 우리가 각자의 인생 속에서 발전해 나가는 것은 이 넓은 세상으로부터 수많은 사람의 도움을 받은 덕분이다. 괴테는 당신이 그 사실을 잊지 않는다면, 세상으로부터 이런 것을 얻어낼 수 있다고 말한다.

"주변에 있는 고마운 사람의 존재를 잊지 않는다면,

당신은 세상으로부터 자신이 할 수 있는 것과

자신에게 적합한 것을 받아들여서

자기만의 것으로 만들 수 있다.

중요한 것은 진실을 사랑하는 정신이고,

진실을 찾아내서 받아들이는 마음을 갖는 일이다."

김종원의 세계철학전집
×
괴테 for 성장

3장

나무는 아무리 성장해도
하늘에는 닿지 않는다

Johann Wolfgang von Goethe

평화를 사랑하는 자가
가장 지혜로운 자다

33

세상에서 '가장 비겁한 자'는
'가장 안전한 때'만
'가장 위압적'으로 변한다.

Johann Wolfgang von Goethe

위험한 상황에서는 몸을 사리며, 아무것도 하지 않으려고 하다가, 사람들의 도움으로 그런 위기를 통과한 후, 안전한 상황이 되면, 갑자기 설치는 사람이 있다. 이런 상황을 두고 괴테는 "인간의 마음이여, 너는 정말 물과 같구나. 그리고 인간의 운명이여, 넌 바람과도 같구나."라고 평한다. 그렇게 늘 짐작할 수 없는 곳으로 가는 게 사람 마음이고, 운명이다. 그래서 괴테는 가장 수준 높은 인간으로 평화를 사랑하는 자를 꼽는다. 이유는 간단하다. 가장 비겁한 자는 가장 안전할 때만 가장 위압적으로 변하지만, 반대로 가장 용기 있는 자는 가장 위험할 때 모두를 위해 앞에 나서서 상황을 해결하기 때문이다. 착해서가 아니라, 평화를 가장 사랑하는 사람이라서 그렇다. 다음에 소개하는 7개의 말을 낭독해 보라. 그럼 자연스럽게 비겁한 삶은 무엇이고, 지혜로운 삶을 살기 위해서는 어떻게 해야 하는지 알게 될 것이다.

1. 성장 직전이 가장 위험하다.
   조금 더 다가가서 성장할 수도,
   포기해서 돌아갈 수도 있기 때문이다.

2. 예상한 것이라면 그건 위험이 아니다.
   그래서 생각이 깊은 사람은 안전하다.
   늘 예상한 덕분에 위험에 놓이지 않는다.

3. 도망치는 이유는 무섭기 때문이 아니라,
   맞설 이유가 뭔지 모르기 때문이다.
   견딜 이유를 아는 사람은 떨지 않는다.

4. 현명한 사람은 위험한 곳을 즐긴다.
타인이 겪는 위험한 상황에서도
가장 귀한 깨달음을 얻는 덕분이다.

5. 가장 지혜로운 사람은 늘 편안하다.
언제든 약자에게 양보할 수 있어서
이기적으로 행동할 필요도 없다.

6. 늘 차분하게 말하고, 행동하는 사람은
누군가를 비난하거나 아프게 하지 않는다.
스스로 자신의 하루를 지킬 수 있어서다.

7. 겁이 많은 사람은 자꾸 눈치를 보게 되지만,
지혜로운 자는 오직 자신만 바라보며 행동한다.
오직 자신이 유일한 기준인 사람의 삶은 자유롭다.

괴테의 말처럼 세상에는 가장 안전할 때 가장 위압적인 말과
행동으로 주변 사람을 힘들게 하는 사람이 많다. 위협하고, 강요
하는 방식만이 그들의 유일한 삶의 무기이기 때문이다. 그래서
평화와 차분한 삶은 누구에게나 주어지는 보통의 것이 아니다.

"위압적이라는 것은 수준이 낮다는 증거다.

차분하게 자신을 유지할 수 있는 지성인은

언제나 가장 용기 있게 주어진 일을 해낸다."

세상에 단 한 방에
결정되는 인생은 없다

34

생각한 것을 그대로 행동에 옮겨라.
생각하는 것은 쉽지만,
그걸 행동으로 옮기는 건 어렵다.
세상에서 가장 어려운 것은
당신의 생각을 그대로 행동으로 옮기는 것이다.

Johann Wolfgang von Goethe

당신의 생각은 어떤가? 세상이 떠들썩할 정도로 한번에 크게 성공하면, 당신이 현재 갖고 있는 모든 문제가 다 저절로 풀릴까? 잃어버린 자존감도 찾고, 사람들과의 망가진 관계도 제자리를 찾고, 지금까지와는 달리 세상이 당신을 귀하게 대접해 줄까? 실제로 그런 순간을 꿈꾸는 사람이 꽤 많지만, 그건 너무나 진부

해서 영화 속에서도 나오지 않는 오래된 환상일 뿐이다. 갑자기 모든 것이 마법처럼 이루어지는 강력한 한 방은 세상에 존재하지 않는다.

인생은 결코 한 방이 아니다. 당신은 자신의 인생이 단 한 방에 무언가를 얻을 수 있는 게임이라고 생각하는가? 사람에 따라서 생각이 다르겠지만, 나는 "인생 한 방이야."라고 말하는 사람들이 한 방에 자신이 원하는 것을 성취하는 모습은 본 적이 없지만, 반대로 한 방에 완전히 무너지는 모습은 많이 봤다.

인생은 결코 한 방에 해결할 수 있는 문제가 아니다. 당신이 부러워하는 어떤 결과도, 결코 한 방에 이루어지지는 않는다. 그럼 반대로 당신은 한 방에도 쉽게 넘어지는 것들을 성취하고 싶은가?

가치 있는 것들은 반드시 수백 번의 시도와 노력 끝에 얻을 수 있는 인내의 과정이 주는 보석이다. 그러니 작게, 그러나 분명한 의지를 갖고 시작하라. 그런 당신이 늘 기억할 필요가 있는 말이 하나 있다.

"실패보다 나를 두렵게 하는 건

변하지 않고 현실에 안주하며,

오늘 내 모습에 만족하며 사는 것이다.

쉽게 뭔가를 가지려는 욕망을 버리고,

끝없이 나아지려는 욕망을 가슴에 품자."

혼자 있는 시간을
성장으로 이끄는 지성의 힘

35

늘 자신을 믿고 의지하라.
인생을 바꾸는 마법은
자기 자신을 믿는 마음에서 출발한다.
자신을 믿는 사람은 뭐든 할 수 있다.

Johann Wolfgang von Goethe

한번 상상해 보라. 돈과 명예를 충분히 갖춘 사람이지만 굳이
그것을 꺼낼 필요가 없는 지적인 사람, 격리된 상태로 살아갈 수
밖에 없는 세상에서 오히려 자기 능력을 더욱 폭발적으로 발휘
하는 사람에 대해서 어떻게 생각하는가? 외부 요인이 아닌 내면
의 힘을 통해서 뭐든 해결하며, 자신의 가치를 증명할 수 있다면,

겁날 게 별로 없을 것이다.

세상은 아주 빠르게 변하고 있으며, 이제는 혼자 있는 시간의 힘을 알고, 실제로 보여줄 수 있는 사람이 필요한 시대다. 혼자 있는 힘을 아는 지성인에게는 오직 지성 하나면 충분하다. 혼자 힘으로 설 수 있기에 홀로 누군가를 도울 수도 있고, 마음을 나누며, 협업이나 상생도 할 수 있다. 자신과의 의논만 끝나면, 바로 움직일 수 있는 덕분이다. 그런 삶을 살고 싶다면, 시처럼 쓴 다음 글을 낭송하듯 읽어보라.

> "사람들과 함께 있을 때
> 듣고 짐작했던 이야기를
> 혼자 있는 공간으로 가서
> 자신만의 언어로 변주하라.
> 질투하지 말고 증명하라.
> 추측하지 말고 추론하라.
> 설득하지 말고 설명하라."

부디, 혼자 있는 현재의 시간과 공간에 열중하라. 오직 현재 속에서만 인간은 혼자 있는 시간의 힘과 가치를 알 수 있다. '혼자 있는 시간'은 현재 속에서만 즐길 수 있는 아름다운 음악과도 같다. 당신만을 위해 세상이 연주하는 음악을 놓치지 말라. 그러니 조금만 속도를 줄이고, 혼자를 즐겨라.

"너무 빨리 가다 보면,

자신이 어디로 왜,

가는지도 모르며 살게 된다."

살면서 꼭 구분해야 성장할 수 있는 7가지

36

인생의 처음과 끝을
하나로 연결할 수 있는 자가
가장 행복한 사람이다.
첫 단추를 잘못 꿰면,
마지막 단추는 끼울 구멍이 없다.

Johann Wolfgang von Goethe

냉혹하지만 거부할 수 없는 삶의 진리다. 첫 단추를 잘못 꿰면, 나이 서른, 마흔이 지날수록 더 곤란한 인생을 살게 될 가능성이 높다. 다시 처음으로 돌아가 잘못 꿴 단추를 제대로 채워야하는데, 그건 너무나 어렵고, 고된 일이기 때문이다. 그래서 언제나 변화의 시작은 바로 지금이어야 한다. 일상이라는 단추를 잘못 꿰는 일이 없도록 아래 7가지 성장 포인트를 읽고, 삶에 적용하자.

1. 솔직하게 말하는 것과 배려가 없는 말은 다르다.
2. 생각이 유연한 것과 줏대가 없는 건 다르다.
3. 타인에게 관대한 것과 양보만 하며 사는 건 다르다.
4. 격의 없는 편안함과 무례하게 행동하는 건 다르다.
5. 사람을 믿고 사는 것과 자기 의견이 없는 건 다르다.
6. 말을 잘하는 것과 말이 많은 건 다르다.
7. 자존감이 탄탄한 것과 자존심이 센 건 다르다.

나쁜 사람과 못된 말, 어리석은 선택과 같은 실수. 이런 것에 더는 아까운 인생을 낭비하지 말자. 오늘의 내가 실수하면, 내일의 내가 모두 처리해야 한다는 사실을 기억하며, 늘 현명하게 선택하고, 행동해야 한다.

"좋았던 과거는 조금만 회상하고,

계속 배우는 오늘의 학생으로 살자.

다른 사람과 경쟁하지 말고,

어제의 내가 오늘의 나를 추천할 수 있도록

후회가 없는 하루하루를 농밀하게 살자."

멋진 결과를 만드는
멋진 질문의 탄생

37

아무리 전력으로 달려왔어도
목적지를 제대로 알지 못한다면,
아직 한 걸음도 전진하지 못한 것이다.

Johann Wolfgang von Goethe

"나는 왜 돈을 벌지 못하나?", "왜 하는 만큼 결과가 나오지
않지?", "이 가난은 언제 끝낼 수 있을까?" 이런 질문을 던지는
사람이 매우 많다. 우리는 여기에서 이런 중요한 진리를 깨달아
야 한다. 다수의 사람에 의해서 자주 반복되는 것은 양질의 것이
아니다. 질문도 마찬가지다. 어떤 질문은 우리를 구원하지만, 또

어떤 질문은 우리를 제자리에서 방황하게 만든다.

괴테의 말을 다시 읽어보자. 어떤 생각이 드는가? 상황을 바꿀 현명한 질문이란, 어떤 것을 말하는 걸까? 분명한 사실은 위에 나열한 3가지 질문은 답이 아니라는 것이다.

결과만 생각하지 말고, 과정을 보라. 언제나 순서가 문제다. 돈을 버는 행위는 물론 중요하다. 그러나 돈이 존재하는 공간은 앞에 서면 열리는 자동문이 아니다. 당신이 어떤 영역에서 돈을 벌고 싶다면, 질문을 바꿔야 한다. "어떻게 하면 돈을 벌 수 있을까?"라는 질문이 먼저가 아니라 "어떻게 하면 배울 수 있을까?"라는 질문이 먼저다. 그렇게 질문을 바꾸면 "어떻게 하면 돈을 벌 수 있을까?"라는 질문은 굳이 할 필요가 없게 된다. 그건 열심히 배우는 과정에서 저절로 얻게 되는 부산물일 뿐이니까.

본질은 결국 배워야 한다는 사실에 있다. 지성이 결여된 수준 낮은 질문은 자신을 던진 사람에게 고통만 준다. "나는 왜 돈을 벌지 못하나?", "왜 하는 만큼 결과가 나오지 않지?", "이 가난은 언제 끝낼 수 있을까?" 이런 질문이 바로 그 대표적인 예시다. 현명한 답을 원한다면, 순서를 바꿔서 본질을 보라.

"돈을 벌기 위해서 아무리 분투해도

당신이 뜻을 이루지 못하는 이유는

배우려는 질문을 던지지 못했기 때문이다.

배우면 뭐든 쌓이고,

쌓이면 다른 것이 보인다."

젊을 때 치열해 봐야
나이 들어서 깊이를 더할 수 있다

38

바다로 출항하는 선택에는
반드시 위험이 뒤따른다.
그러나 출항하지 않으면,
어떤 결과도 기대할 수 없다.

Johann Wolfgang von Goethe

젊을 때는 그저 생각할 틈도 없이 바쁘게 사는 게 최고인 줄 알았는데, 나이가 들수록 자신이 좋아하는 일을 찾아 건강도 틈틈이 챙기며, 천천히 그러나 깊이를 추구하며 사는 게 최선이라는 사실을 깨닫게 된다. 모든 일이 다 그렇듯 순서를 지키지 않으면, 결과가 뒤바뀐다. 그리고 뒤바뀐 결과에서 우리가 원하는 현실은 찾기 힘들다. 애쓰지 말고, 천천히 살아가라는 이야기에 혹해서 젊을 때부터 천천히 좋아하는 일만 찾다가는 나이가 들수록 오히려 후회만 늘어날 가능성이 높다. 젊을 때는 젊어서 할 수 있는 일이 있고, 반대로 나이가 들어서는 그때 할 수 있는 일이 따로 있다. 이 말을 가슴에 품고 살자. "젊을 때 그 나이를 충실히 살지 않으면, 나이 들어서 할 수 있는 일을 제대로 할 수가 없다."

젊을 때 치열하게 살아봐야 나이 들어서 속도를 줄일 수 있고, 젊을 때 이것저것 열심히 해봐야 나이 들어서 자신이 진정 좋아하는 게 뭔지 알게 된다. 인생의 속도를 조절하는 브레이크와 더 좋은 방향으로 인도하는 운전대는 누구에게나 저절로 주어지는 기본 옵션이 아니라서 그렇다.

젊을 때 뜨겁게 달아오른 엔진처럼 터질 듯한 심장 하나만 믿고 달려봐야, 속도와 방향을 제어할 수 있는 브레이크와 운전대의 가치도 알게 된다. 먼저 틀을 잡고, 하나를 세워야, 그 위에 하나를 더 올릴 수 있고, 훗날 자기가 진정으로 원하는 세계를 일상이라는 무대에 올릴 수 있게 된다.

"그대여, 젊을 때는 치열하게 살아보라.

점점 깊어지며 당신의 노년이

바다처럼 깊어질 것이다.

시간은 당신을 기다리지 않으니,

그대가 시간을 기다리는 삶을 살라."

이직과 이혼으로
문제를 해결할 수 없는 이유

39

보이지 않는 것을 보려고 노력하라.
보이지 않는다고 없는 건 아니다.
우리는 자신이 아는 것만 볼 수 있다.

Johann Wolfgang von Goethe

"이 회사에서는 도저히 일을 할 수 없어!", "당신이랑은 도저히 더 살 수 없어!" 대부분 이런 말로 이직과 이혼의 이유를 밝히며, 실행에 옮긴다. 그러나 이직이나 이혼을 해도, 나를 괴롭히는 문제가 여전히 사라지지 않는 이유가 뭘까? 수많은 사람이 스스로 경험하며, 지금도 아파하고 있는 이 문제를 해결하고 싶다면,

우리는 이 진리를 다시 읽어봐야 한다. "사람은 바뀌지 않는다. 다만, 시간이 해결해준다."

다시, 여기에서 정말 중요한 부분이 하나 더 있다. 시간이 문제를 해결해 준다는 말은 무엇을 뜻하는 걸까? 가만히 있어도 시간만 흐르면 괜찮아진다는 것일까? 전혀 그렇지 않다. "시간이 해결해 준다."라는 말은, '생각이 깊어진다면'을 의미한다. 시간이 지나서 생각이 깊어지면, 모든 문제를 스스로 해결할 좋은 방법을 생각할 수 있다는 말이다. 결국 모든 것은 스스로 나아져야 해결할 수 있다.

하루는 자신의 과거 행동을 후회하며, 이런 이야기를 들려준 한 중년 여성과 대화를 나눈 적이 있다. 그녀의 이야기를 압축하면 이렇다. 그녀는 과거, 결혼 생활을 견디지 못하고 이혼을 했다. 당시 그녀에게는 자신만 희생한다는 불만이 있었다. 그러나 이혼 후, 10년이라는 시간이 지난 시점에 이런 놀라운 사실을 깨달았다. 바로 그건 당시 늘 아무것도 하지 않는다고 생각했던 남편과 아이들 역시 자신이 할 수 있는 일을 해줬다는 점이다. 그러나 그땐 그걸 모르고, 자신만 힘들다고 생각한 것이었다. 그러니 불만만 커지고, 자기만 고생하는 것 같아서 결국 이혼에 도달한 것이다. 10년이 지나면서 생각이 깊어지자 저절로 그런 깨달음을 얻게 되며, 풀리지 않던 문제를 해결하게 되었다.

이혼도 이직도 마찬가지다. 어떤 이유로 그 공간을 떠나 다른 공간으로 이동해도 불만은 사라지지 않는다. 참 이상하게도 다른 곳에서도 여전히 같은 이유로 불만을 갖게 된다. 이유는 공간을 아무리 옮겨도 사라지지 않는다. 괴테가 보이지 않는 것을 보라는 이유가 바로 여기에 있다. 스스로 깊은 생각의 소유자가 되면, 보이지 않는 것을 볼 수 있다. 더 많은 것을 볼 수 있다면, 더 많은 문제를 해결할 수도 있다.

"무언가에 반복해서 화를 내는 이유는
그 대상을 제대로 볼 능력이 없기 때문이다.
우리는 아는 것만 볼 수 있으며,
설명하고, 이해할 수도 있다."

제대로 사는 사람이라면
꼭 해야 하는 12가지 질문

40

빠르게 도착한다고
무조건 좋은 건 아니다.
인생을 결정하는 것은
속도가 아니라 방향이다.

Johann Wolfgang von Goethe

괴테는 빠른 사람은 아니었다. 그러나 바로 이것, 삶의 방향만
은 제대로 잡고, 철저하게 지켜냈다. 그래야 결과가 아닌 과정에
서 기쁨을 느끼는, 제대로 사는 사람의 삶을 살 수 있다는 사실을
알고 있었던 덕분이다.

진정으로 자기 삶의 방향을 잡은 사람은 결과가 아닌 과정에

서 최상의 기쁨을 발견한다. 그러나 그냥 아무렇게나 사는 사람일수록 과정 그 자체에 만족하지 않고, 무언가를 하는 동안에도 그것을 끝내고 나서 얻게 될 이익만을 생각하며 욕망한다. 하지만 그러한 세속적인 목적과 태도로는 결코 위대한 일을 이룰 수 없다. 다음에 소개하는 12가지 질문을 일상에서 틈이 날 때마다 자신에게 던져보라. 매일 조금씩 자신의 방향을 찾아나갈 수 있을 것이며, 동시에 제대로 된 삶을 살게 될 것이다.

1. 나는 어디로 가고 있는가?

2. 차분하게 나를 지켜보고 있나?

3. 내 하루는 나를 위한 것인가?

4. 나는 내 선택을 확신하고 있나?

5. 질투에서 나온 말은 아닌가?

6. 내가 원하는 것은 무엇인가?

7. 하루하루 최선을 다하고 있나?

8. 무엇이 나를 이끌고 있나?

9. 나는 내가 보내는 시간에 만족하나?

10. 더 큰 내가 되고 있다는 게 느껴지나?

11. 나의 말은 나를 높이고 있나?

12. 이것은 그의 성공인가 나의 성공인가?

방향을 제대로 잡지 못하는 사람들에게는 이런 공통점이 있다. '빠른 성공이나 빠른 성장에 집착하는 것'. 하지만 도착한 그곳이 자신이 원하지 않는 곳이라면, 사는 내내 고통만 늘어날 것이다. 방향을 제대로 잡으려면, 반드시 그 삶에 맞는 질문을 던져야 한다. 질문은 어지러운 삶의 방향을 제대로 잡아주는 든든한 지도 역할을 해준다.

필사할
문장

"내게 좋은 삶은 빠르기가 아니라
올바른 방향이 결정한다.
묻고 또 묻고 다시 물어야 한다.
무엇보다 방향이 우선이다."

세상에서
가장 벗기 힘든 옷

— **41** —

눈물에 젖은 빵을
먹어본 적이 없는 자는,
인생의 진정한 맛을 알 수 없다.

Johann Wolfgang von Goethe

"얼굴만 예쁘면 누구나 가능하지. 나도 할 수 있겠다.", "돈만
있으면 누구나 가능하지. 나도 할 수 있겠다." 누군가의 성장이나
성공에 대한 이야기를 들려주면 80% 정도는 이런 방식으로 글
과 말로 반응한다. 매우 높은 확률이다. 인간이란 누군가의 성장
이나 성공을 진실로 인정하는 것이 매우 어려운 존재라서 말로

는 좋게 표현하지만, 내부에서 올라오는 질투심을 거부하기 힘들다. 그래서 세상에서 가장 벗기 힘든 옷이 바로 '질투심'이라는 무겁고, 두꺼운 외투다.

괴테의 말은 바로 이런 인간의 욕망을 정확하게 표현한다. 무언가 하나를 얻기 위해 오랫동안 분투해 본 경험이 없는 사람들이 주로 이렇게 질투심만 가득한 말로 타인이 노력해서 얻은 결과와 가치를 깎아내리기 때문이다.

늘 해본 적이 없는 사람들은 자존심을 지키려고 질투를 선택하게 된다. 그 지독한 과정을 몰라서 그렇다. 차라리 죽고 싶을 정도로 힘들었던 시간과 아무도 없는 길을 혼자 걸어야만 했던 외로운 시간을 경험한 적이 없어서 당장 눈에 보이는 것을 이유로 들어 그들의 가치를 자꾸 지운다.

물론 예쁘거나 돈이 많으면 일이 좀 더 수월할 수도 있다. 하지만 그렇게 생각해서 내가 얻을 수 있는 게 과연 무엇일까? 신세를 한탄하며 얻은 위로는 해가 뜨면 흔적도 없이 사라지는 안개와도 같다. 순간적으로는 나를 잠시 숨겨줄 수는 있으나, 장기적으로는 나를 망치는 생각에 불과하다.

"뭐든 일단 해보고 말하자.

해본 사람은 결코 누군가를 비난하지 않는다.

그 과정에 얼마나 귀한 가치가 녹아 있는지,

지나온 시간과 두 눈이 알고 있어서다.

질투라는 세상에서 가장 무거운 옷을 벗자."

수천 걸음을 걸었지만
아직 제자리에 있다면

— 42 —

진실한 용기는 자기 삶에 대한 자신감이다.
흔들리지 않는 진정한 용기는
성공에 대한 어떠한 보장도 없이
시작하겠다는 약속과도 같다.

Johann Wolfgang von Goethe

지금도 그런 경우가 있지만 버킷리스트를 적고, 그것을 자신의 SNS에 공개하는 게 유행했던 때가 있었다. 버킷리스트 숫자가 적으면 "넌 하고 싶은 게 그렇게 없니? 나는 이렇게 많은데." 라는 소리를 들어야 했고, 괜히 '나는 왜 이렇게 하고 싶은 게 별로 없지? 내가 이상한 걸까?'라는 소심한 불안감을 느끼는 사람도 있었다. 그런데 나는 당시 이런 생각을 해봤다. '뭐야, 다들 왜 이렇게 하고 싶은 게 많아? 어떻게 이 엄청난 것을 마음에 담고 살고 있는 거야?'

과연 대단한 무언가를 목표로 삼고, 그걸 향해서 달리는 것만이 아름다운 삶일까? 우리는 너무 많은 것을 마음에 담고 사느라 정작 가장 중요하고, 필요한 것에 소홀한 것은 아닐까? 20년 전부터 지금까지 나의 버킷리스트는 '사랑을 전할 수 있는 글을 쓰는 나를 만나는 것'이다. 그것 말고는 다른 건 원하는 게 없다. 매일 그런 나를 만나기 위해 혼자 분투했다.

일을 때려치우고, 세계 각지로 요트 여행을 떠나거나, 살고 싶은 멋진 집과 자동차를 소유하며, 소득이 끊이지 않는 파이프라인을 만들어 내는 것도 물론 멋진 버킷리스트다. 그러나 결국 우리가 이루고 싶은 모든 것은 지금 당장 해야 할 가장 중요한 일에 영혼을 바쳐야 만날 수 있다. 삶의 목적지는 아직 보이지도 않는 저 머나먼 곳이 아니라, 우리가 매일 만나는 보통의 하루하루에 존재한다. 하루 그 자체가 가장 명확한 삶의 목표가 되어야 한다는 말이다.

괴테의 말처럼 그걸 깨닫지 못하면, 아무리 최선을 다해서 달려도 그 끝에서 원하는 삶과 현실을 만나기 어렵다. 지금 당장 해야 할 가장 중요한 일만 남기고 나머지는 모두 지우자. "그럼 제가 하고 싶었던 일들은 영영 하지 못하는 건가요?"라고 물을 수도 있다. 그렇지 않다. 하고 싶은 일이 하루하루 멀어진다고 생각하며, 아쉬움에 아파할 필요도 없다. 지금 당장 중요한 일에 모든 것을 바치는 그 하루하루가 모여, 당신이 하고 싶었던 저 멀리에 있던 것이 저절로 이루어지게 될 테니까.

"하루하루가 마치 버킷리스트인 것처럼
그날 할 수 있는 최선의 노력을 해라.
작지만 가장 중요한 일에 몰두하면,
나머지 커다란 목표는 저절로 이루어진다.
일상이 치열하게 읽어야 할 본책이라면,
버킷리스트는 본책에 집중하면 따라오는 부록이다."

말을 들어보면
'내 사람'인지 알 수 있다

43

그대가 남긴
단 한 가닥의 머리카락조차도
자신의 그림자를 세상에 남긴다.

Johann Wolfgang von Goethe

물론 다양성을 인정하고, 흡수하는 건 매우 고귀한 일이다. 하지만 '다양성의 분출'과 '분노의 분출'은 철저하게 구별해야 한다. 온라인 공간에 부정적인 댓글을 쓰거나, 거기에 모인 사람과 결이 다른 글을 쓰는 사람을 배제하고, 피하는 게 좋은 이유가 바로 거기에 있다. 그 이유를 간단하게 정리하면 이렇다.

1. 좋은 기운이 순식간에 사라진다.
2. 서로를 의심하고, 비난하게 된다.
3. 분위기가 혼란스러워진다.
4. 전체적인 지적 수준이 낮아진다.
5. 말의 온도 역시 급격히 낮아진다.

생각보다 더 중요한 지점이다. 한 가닥의 머리카락조차도 자신의 그림자를 남기듯, 한마디 말은 그가 어떤 사람인지 세상에 선명하게 보여준다. 다양성을 이유로 분노를 표출하며, 그 공간을 망치는 사람들을 그냥 두면, 앞에 소개한 5가지 부정적인 상황을 현실로 맞이하게 된다. 무대가 완전히 바뀌는 것이다.

마음의 결이 맞는 사람만 남겨 두는 건 그래서 참 중요하다. 이때 기준은 매우 간단하다. 이 질문 하나면 판단이 매우 쉽다. "이 사람은 내 사람인가, 내 사람이 아닌가?"

사람을 구분하며, 편을 나누는 정치를 하라는 것이 아니다. 마음의 결이 맞으며, 동시에 어떤 경우에도 나를 지지할 사람을 주변에 많이 둬야 한다는 말이다. 기준은 역시 '말'이다. 이런 말을 하는 사람들은 '내 사람'이 아닐 가능성이 높다. "이걸 전부 다 스스로 해낸 건가요?", "이게 과연 가능한 일인가요?", "전 도저히 이건 믿기 힘드네요." 하지만 같은 상황에서도 '내 사람'의 말은 다르다. "역시 당신이라면 가능할 줄 알았어요.", "늘 이렇게 불가능을 가능으로 만드는 힘이 어디에 있나요?", "여기에서 저는 이런 깨달음을 얻었습니다."

다시 한번 언급하지만, 무조건 나를 찬양하는 사람을 남기라는 말이 아니다. 좀 더 깊이 들어가 보자. 내 사람이 늘 내게 좋은 말을 해줄 수 있는 근본적인 힘은 어디에 있는 걸까? 나쁜 것은 지나가는 사람에게도 아주 쉽게 보인다. 하지만 좋은 것은 그 안에 숨어 있어서 찾으려는 의지로 탐구하고, 발견해야 한다는 진리를 깨달으면 이해할 수 있다.

필사할
문장

"늘 당신의 좋은 점만 말해주는 그들은
듣기 좋은 소리만 하는 게 아니라,
실제로 그런 부분을 찾기 위해 오랫동안 분투한 자들이다.
그 시간이 있기에 우리는 그들을
'내 사람'이라고 말할 수 있다."

생각의 크기가
곧 부의 크기를 결정한다

44

나보다 위에 있는 존재를 인정하지 않는다고 해서
내가 더 높이 올라갈 수 있는 것은 아니다.
오히려 나보다 높은 존재를 존중함으로써
자신을 그 수준까지 높일 수 있다.

Johann Wolfgang von Goethe

괴테의 말처럼 우리는 나보다 더 높이 있는 존재를 발견하고,
존경하면서, 나 자신도 한층 높은 수준을 내면에 지니고 있고, 그
와 같은 존재가 될 가치가 있음을 세상에 보여줄 수 있다. 그래서
생각이 중요하다. 생각을 조금만 바꾸거나 전환하면, 만날 수 있
는 세계까지 바뀐다.

생각하는 만큼 이룰 수 있다는 말은 참 많이 들었다. 그러나 이 말을 제대로 이해하고, 삶에서 실천하는 사람은 매우 드물다. 간혹 생각하는 수준 자체가 보통과는 전혀 다른 사람을 본다. 생각에도 수준이라는 게 있어서 다른 수준의 사람이 하는 생각은 짐작도 하기 힘든 게 사실이다. 그건 마치 다른 행성에 사는 다른 생명체의 생각을 짐작하는 것처럼 불가능한 일이다.

생각은 매우 어렵고, 힘든 지적 수단이다. 하지만 생각을 제대로 제어하지 못하면, 무엇도 제대로 해내기 힘들다. 세상이 원하는 것이 어떤 결과든, 목적지로 가기 위해서는 반드시 생각이라는 열차를 타야만 한다. 그래서 무엇보다 생각의 수준을 높이며 사는 게 중요하다.

나는 생각의 크기가 전혀 다른 수많은 사람을 만나면서 그들에게서 나타나는 이런 공통점을 찾았다. 이 글을 읽는 것만으로도 당신은 다른 수준의 생각이 어떤 것을 의미하는지 조금은 짐작하게 될 것이다.

1. 모든 사람에게 배울 점이 있다고 생각한다.
2. 충분히 이해할 때까지 자리를 떠나지 않는다.
3. 배움을 추구해서 '선생님'이라는 호칭을 자주 쓴다.
4. 누군가를 존경한다는 기쁨을 알고 있다.

5. 각 분야의 멘토를 한 명 이상 두고, 배우고 있다.

6. 돈보다는 의미를 먼저 생각한다.

7. 도움을 주려는 마음으로 살고 있다.

이들의 7가지 공통점을 간단하게 다섯 줄로 압축하면 이렇다. 눈으로 읽고, 입으로 낭독하고, 손으로 필사하며, 당신의 언어로 만들어보라. 조만간 다른 수준을 만나게 될 것이다.

"생각의 크기가 곧 부의 크기가 되고,

부의 크기는 다시 생각을 확장한다.

생각과 부의 이 멈추지 않는 선순환을

잊지 않고 살아야 궤도에서 이탈하지 않고,

소중한 자신의 삶을 지킬 수 있다."

인문학의 끝은 소중한 사람에게
예쁘게 말하는 것이다

— 45 —

음악과 시, 그림으로 자신을 지켜라.
사람은 매일 아름다운 음악을 듣고,
시를 읽으며, 훌륭한 그림을 감상해야 한다.
그런 일상을 보내야만
신이 우리 영혼에 심은 아름다운 감각을
세속적인 근심으로부터 지킬 수 있다.

Johann Wolfgang von Goethe

아무리 처음 만나는 사람이라도 그 사람 입에서 나온 말이 귀
에 들어왔을 때, 오랫동안 쌓은 탄탄한 지성에서 나온 예쁜 마음
이라는 게 느껴지면, 만남이 참 행복하게 느껴진다. 그리고 자연
스럽게 이런 마음이 들고, 그와 함께 보낼 내일을 기대하게 된다.
'이 사람과 계속 이야기 나누고 싶다.', '앞으로 나눌 인연이 기대

된다.', '다음에는 또 얼마나 따뜻한 말을 들려줄까?'

사람 사는 건 거의 비슷하다. 하지만 모두가 같은 말을 하며 사는 건 아니다. 같은 상황이지만, 남들과는 달리 예쁜 말을 하는 건, 결심한다고 가능한 의지의 문제가 아니라 시간으로 쌓은 지성이 없으면 불가능한 일이라서 그렇다. 같은 상황에서도 매번 다정한 어감으로 예쁜 말을 들려주는 사람은 일상에서 이런 생각을 하며 산다. '하루하루 이런 삶을 살아야지.'라는 생각을 하며, 낭독해 보라.

1. 오늘은 또 얼마나 좋은 일이 많을까?
2. 오늘 하루가 기대된다.
3. 오늘도 근사하게 살아야지.
4. 세상에는 좋은 사람이 참 많아.
5. 오늘도 좋은 마음을 전하며 살자.
6. 누구에게나 장점이 있어.
7. 세상에 나쁘기만 한 경우는 없지.

내가 지난 30년 동안 인문학을 연구하며, 결국 모든 인문학의 끝이 소중한 사람에게 예쁘게 말하는 것이라고 강조하는 이유는, 잘 배운 사람의 예쁜 말은 그의 지능을 증명하고 있어서다.

지성을 제대로 쌓지 않으면, 그 입에서 예쁜 말이 나올 수 없다.

"스치는 농담 한 조각에도

그 사람의 지성이 모두 녹아 있다.

아름다운 음악과 귀한 시를 읽고,

훌륭한 그림을 감상하며, 자신을 지켜라.

당신의 말은 당신이 보낸 역사의 합이다."

성장을 거듭하는 사람들의 말은 3가지가 다르다

46

기적은 늘 내 안에 있다.
당신이 당장 할 수 있거나
할 수 있다고 꿈꾸는 모든 일을 시작하라.
새로운 일을 시작하는 용기 속에
당신의 천재성과 능력,
그리고 기적이 모두 녹아 있다.

Johann Wolfgang von Goethe

어떤 사람이든 살면서 한번 정도는 성장하는 계기를 맞이한다. 그러나 대부분의 성장은 일시적으로 끝난다. 그래서 지금도 수많은 사람이 이렇게 과거를 회상하며, 그 시절의 자신을 그리워한다. "그때는 나도 잘 나갔었지!", "뭘 해도 잘되던 시절이 있었지." 이유가 뭘까? 왜 누군가의 성장은 일시적으로 끝나고, 다른 누군가의 성장은 죽는 날까지 반복되는 걸까? 다양한 이유가 있겠지만, 그 중심에는 말이 있다. 그 사람이 구사하는 말은 곧 그 사람의 생각으로 이어지고, 그 사람의 생각은 삶을 대하는 태도로 이어진다. 결국 모든 성장의 본질은 그 사람의 말에 있다고 보면 된다.

어떤 분야든 일시적인 성장에 그치는 사람들은 이런 말을 자주 사용한다. "거기에 뭐 특별한 게 있겠어?", "그 정도면 충분해, 됐어.", "더 생각한다고 뭐 다른 게 나오겠어?" 이들의 말에서는 공통적으로 이런 뉘앙스가 느껴진다. '불가능', '절망', '무기력', '안주'. 반대로 성장을 거듭하는 사람들의 말은 이렇게 다르다. "거기에 분명 더 특별한 부분이 있을 거야.", "우리 조금만 더 찾아보자.", "좀 더 생각해 보자. 그럼 더 좋은 방법이 나올 거야." 이들의 말에서는 공통적으로 이런 뉘앙스가 느껴진다. '가능성', '희망', '활력', '도전'.

말을 대하는 자세가 중요한 이유가 뭘까? 전자는 무언가를 찾으려고 노력하지 않게 된다. 간혹 방법을 찾으려고 할 때도 있겠지만, 그 안에는 이런 마음이 존재한다. '뭐 특별한 게 있겠어?' 이런 마음으로는 아무것도 찾을 수가 없다. 없다고 생각하며 찾는 사람에게는 무엇도 보이지 않기 때문이다. 하지만 후자는 태도가 전혀 다르다. '여기에 분명 내가 그간 발견하지 못한 게 있을 거야!' 이들은 자신이 찾는 방법이 반드시 여기 있다고 생각하며, 그걸 찾는다. 전자와 전혀 다른 접근을 하는 덕분에 이들은 결국 무엇이든 찾아내서 자기 일에 접목하고, 나날이 성장을 거듭하게 된다.

이런 사례는 주변에서 쉽게 발견할 수 있다. 작곡가 역시 마찬가지다. 어떤 작곡가는 평생 단 한 곡의 히트곡만 만들지만, 어떤 작곡가는 반복해서 더 좋은 곡을 만든다. 실력의 차이도 분명 있을 것이다. 하지만 실력보다 중요한 건 말이 흐르는 방향이다. 전자는 '내가 더 좋은 곡을 쓸 수 있을까?'라는 생각으로 하루를 살지만, 후자는 '내가 찾지 못한 멜로디가 분명 더 있을 거야.'라는 생각으로 하루를 산다. 당연히 그들이 보내는 하루의 가치가 같을 수 없다. 각종 분야에서 일하는 기획자, 마케터, 제작자, 편집자 등 모두가 마찬가지다. 자신의 가능성을 믿는 사람이 하는 일과 믿지 못하는 사람이 하는 일의 결과는 결코 같을 수 없다. 단지 말 하나를 바꾸는 것만으로도 우리는 삶의 결과까지 바꿀 수 있다.

"아무리 최악의 상황이라고 해도

내가 그것을 할 수 있다고 생각하는 동안에는

여전히 그걸 해낼 가능성이 존재한다.

가능성이 인간을 버리는 게 아니라

인간이 가능성을 버리는 것이다."

수천 명이 떠나도
여전히 자신을 믿고 의지하라

47

자신이 살아가는 집에
자기만의 세계를 가지고 있는 사람보다
더 행복한 사람은 없다.

Johann Wolfgang von Goethe

"당신은 자신을 믿나요?", "당신의 하루는 충분히 만족스럽나
요?", "자신을 굳게 믿고 사랑하고 있나요?" 혹시 당신은 이 질문
에 빠르게 그렇다고 답할 수 있는가? 쉬운 일은 아니다. 하나하
나 살펴보자.

자신을 향한 진정한 믿음이란 무엇일까? 진정한 믿음은 나를

믿어주는 수천 명의 눈빛에서 나오는 것이 아니라, 수천 명이 떠나도 여전히 자신을 믿는 그 마음의 눈빛에서 시작한다. 곁에 수천 명이 있어서가 아니라, 모두가 떠나도 여전히 자신을 믿는 덕분에 그 사람은 쉽게 흔들리지 않는다. 자신이라는 존재가 자신을 지탱하는 가장 굳센 힘인 것이다. 그래서 언제나 자신을 믿는 사람은 세상에서 가장 강하다. 자신을 향한 끝없는 믿음을 선물할 수 있는 5가지 말을 소개한다. 낭독과 필사로 당신의 언어로 만들어 보라.

1. 내가 어디에서 무엇을 하든,

  또 무엇을 선택하고, 어디로 걸어가든,

  내 보폭과 내 눈빛은 항상 옳다.

2. 나와 평생 함께 살 사람은

  결국 나 자신이다.

  내가 나를 믿지 않을 이유가 전혀 없다.

3. 내 주변에 있는 모든 것은

  나를 제어하거나 대신할 수 없다.

  나만 나를 대표할 수 있다.

4. 나는 원하는 모든 것을 가질 수 있다.

　가질 수 없다는 생각만 버린다면,

　믿는 만큼 얻을 수 있다.

5. 자유는 얽힌 게 없는 삶을 의미하지 않는다.

　오히려 진정한 자유를 즐기는 사람은

　얽힌 일상에서 쉴 공간을 찾아낸다.

　괴테가 자신이 사는 공간에 자기만의 세계를 갖고 있는 사람이 진정 행복한 사람이라고 말한 이유는, 그런 삶을 살아야 자신을 굳게 믿으며, 성장할 수 있어서다. 진정한 믿음을 갖고 싶다면, 자신을 향한 불안한 마음을 잠재우자. 당신만 두려운 게 아니다. 또한 당신만 실수하고, 실패하는 게 아니다. 경쟁자를 굳이 과대평가하지 말고, 자신을 심각하게 과소평가하지 말라. 때로는 겸손이라는 단어를 버리고, 자만이라고 부를 정도로 자신의 능력을 믿고 의지하라. 그래야만 하는 이유는 간단하다.

"내게 정말 소중한 사람은

결국 나라는 존재 한 사람이다.

나만 나처럼 나를 사랑할 수 있고,

나만 평생 나를 아낄 수 있다."

세상의 언어에 적응하지 말고, 세상이 너의 언어에 적응하게 만들어라

48

남이 나를 속인다고 생각하지 말라.
나를 속이는 건 언제나 나 자신이다.
나를 움직이는 건 내 생각이지만,
스스로 자신의 생각을 외면했기 때문에
내가 나를 괴롭히는 비참한 인생을 사는 것이다.

Johann Wolfgang von Goethe

세상에 적응하며 사는 사람은 사는 게 평생 괴롭다. 하나하나
세상이 원하는 대로 맞춰줘야만 하기 때문이다. 늘 불만이 생기
고, 언제나 나쁜 소식이 끊이지 않고 생긴다. 중요한 건 다른 언
어를 사용해야 한다는 것이다. 다시 말해서, 세상이 당신의 언어
에 적응하게 만들어야 한다. 이를테면, 경제적인 자유와 안정을

동시에 이루려면 먼저 '최저 임금'과 '평균'이라는 단어를 쓰지 않는 게 좋다. 이유는 간단하다. 자꾸만 자신의 상황을 이렇게 생각하며 살게 되기 때문이다. '그래도 최저 임금보다는 내가 많이 버네.', '휴, 평균 이상은 되니 다행이다.'

세상에서 가장 슬픈 위안이다. 이런 단어가 대표적으로 우리를 세상에 적응하게 만든다. 세상이 정한 단어를 자주 사용하고, 활용하면서 우리는 자신도 모르게 자꾸만 세상에 순응하며 살게 된다. 이게 바로 언어가 가진 막강한 힘이다.

내가 사용하는 언어의 의미와 가치를 스스로 설정하고 살아야, 반대로 세상이 나의 언어에 적응하며 살도록 내 하루와 인생 전체를 혁신적으로 바꿀 수 있다. 내게는 그렇게 살 수 있게 도와주는 몇 개의 원칙이 있으며, 최저 임금과 평균을 이렇게 정의하며 살고 있다.

최저 임금 → "누군가가 나를 1시간 쓰려면 최소 100만 원을 내야 한다."

평균 → "나는 수많은 사람의 평균이 아닌 내 삶의 평균과 비교하며 산다."

중요한 단어는 이렇게 스스로 자신의 기준에 맞는 의미로 바꿔서 사용해야 한다. 이렇게 내 삶의 최저 임금과 평균을 스스로 정의해서 살면, 세상이 내가 설정한 언어에 맞게 바꿔서 행동해야 한다. 세상이 정한 최저 임금이 아닌 내가 설정한 숫자로, 세상이 말하는 평균이 아닌 내가 설정한 평균의 의미로 내게 다가와야 나와 대화를 시작할 수 있어서다. 매우 중요한 지점이니 당신도 바로 시작해 보라. 하루가 당장 바뀔 것이다.

"세상을 바꾸고 싶다면,
누군가에게 애원하거나
길에 나가서 소리를 치는 것보다는
가장 먼저 당신의 언어를 바꿔라.
내가 설정한 언어가
결국 나의 인생을 결정한다."

김종원의 세계철학전집
✕
괴테 for 성장

4장

신이 아니라면
누구도 신을 거스를 수 없다

Johann Wolfgang von Goethe

결국 잘되는 사람은
'되는 말'을 한다

49

혼자서 돌을 들어 올릴 마음이 없는 사람을
아무리 여럿을 모아 함께 들어도
돌은 절대로 들리지 않는다.

Johann Wolfgang von Goethe

하루는 한 전집에 들어가서 이렇게 말했다. "맛있는 전을 먹고
싶어서 왔습니다. 잘 부탁드리겠습니다." 그러자 바로 이런 대답
이 돌아왔다. "전이 뭐 다 그게 그거지. 특별할 게 있겠어요?" 나
는 그의 대답을 듣자마자, 이미 그가 만들어 줄 전을 맛본 기분이
들었다. 굳이 입에 넣지 않아도, 눈앞에 보이지 않아도, 충분히

맛을 짐작할 수 있게 만든 말이었기 때문이다. 그리고 그는 내가 전을 먹는 중간중간 이런 하소연을 했다. "왜 이렇게 장사가 안 되는 거냐.", "뭘 기대하겠어, 세상이 이 모양인데!"

또 하루는 근처에 있는 다른 전집에 들렀다. 역시 마찬가지로 같은 말로 인사를 하자, 이번에는 주인이 아주 특별한 말을 들려주었다. "그래요? 좋아요. 그럼 제가 진짜 맛있게 만들어서 드릴게요." 그는 행복하게 웃는 표정으로 전을 만들었고, 테이블에 전을 제공하며, 이런 말을 덧붙였다. "제가 만드는 전은 다른 전과 달라요. 평생 연구한 결과라서요." 그러면서 그는 뭐가 어떻게 다른지 차분하게 설명해 주었다. 나는 그가 만든 전을 입에 넣기도 전에 이미 맛을 느낄 수 있었다. '이 전은 진짜 맛나겠다!' 또 그는 내가 전을 먹는 내내 자신이 부친 전과 그걸 즐겁게 먹는 손님을 번갈아 바라보며, '어떻게 하면 더 맛있는 전을 제공할 수 있을까?'라는 질문을 자신에게 던지고 있었다. 굳이 말하지 않아도 아는 이유는 그의 눈이 생생하게 보여주고 있었던 덕분이다.

주어진 환경이 열악해도 늘 기대 이상의 결과를 만드는 사람이 있다. 뭘 시작해도 잘되는 사람들은 이처럼 '되는 말'을 자신에게 끝없이 들려준다. 하지만 아무리 경기가 좋고, 돈이 많아도, 결국 망하는 사람들은 첫 번째 전집 주인처럼 '안 되는 말'만 자신에게 들려준다. "하나 만들었으니 이제 끝이지.", "여기에는 이제

아무것도 없어.", "그게 그거지, 뭐 특별한 게 있겠어?", "그냥 대
충해, 인생 별거 없어." 이제 그런 의미 없는 삶에 안녕을 고하라.

"자신에게 늘 되는 말을 들려줘라.

그럼 당신의 의식 수준이 점점 높아져서

결국 뭘 시작해도 되는 나를 만들 것이다.

나를 만드는 건 결국 나 자신의 생각이다."

어제보다 더 큰 나로 성장하는
생각의 전환

50

노래를 배우려고 할 때 자기 목청에 맞는 음이라면,
어렵지 않게 노래를 부를 수 있다.
그러나 목청에 맞지 않는 음을 내기란 매우 어려운 일이다.
하지만 가수를 목표로 삼았다면,
반드시 자신의 한계를 극복해야 한다.
어떤 음이라도 편안하게 낼 수 있어야 하기 때문이다.

Johann Wolfgang von Goethe

내게는 10년도 넘게 365일 반복하는 루틴이 하나 있다. 실내
자전거를 하루에 3시간 이상 타면서, 동시에 독서를 하는 것이
다. 발로는 페달을 돌리고, 손으로는 책을 들어 글을 읽는다. 독
서와 운동을 각각 매일 3시간 이상 해야 하는데, 6시간을 낼 수
없어 2가지를 동시에 3시간 동안 해낼 방법을 찾아낸 것이다. 그

렇게 2022년까지 이것이 시간을 최대한 아끼며, 운동과 독서를 동시에 해낼 최선의 방법이라고 생각했다.

그런데 실내자전거가 고장이 나며 매우 놀라운 사실을 발견하게 되었다. 하루는 페달을 잡아주는 어떤 장치가 고장이 나서 페달이 헛도는 상태가 되었고, 주변에 알아보니 수명이 다했으니 다른 제품을 사야 한다고 조언했다. 하지만 나는 고장 났다고 하는 이 실내자전거를 새롭게 쓸 방법을 생각해냈다. 헛도는 상태를 자연스럽게 이전처럼 돌리는 느낌으로 만들기 위해서 평소보다 2배 빠르게 페달을 돌리는 것이었다. 보통 15km 정도의 속도로 페달을 돌렸다면, 30km를 상회하는 속도로 페달을 돌리면서 페달이 헛돌고 있다는 생각을 하지 않게 되었다.

그러던 어느 날, 운동을 마치고 계기판에 적힌 숫자를 보고 깜짝 놀랐다. 평소 300kcal의 에너지를 태웠다면, 600kcal를 태웠음을 알게 된 것이다. 속도가 2배로 빨라졌으니 당연한 결과였다. 그러나 그 숫자를 보며 나는 이런 사실을 깨달았다.

1. 더 생각하면 더 좋은 방법이 나온다.
2. 최악의 상황에 오히려 기회가 있다.
3. 순응하지 않는 사람에게 기회가 찾아온다.
4. 한계라고 생각한 선은 한계가 아닐 수 있다.

어떻게 생각해 보면 아주 사소한 일이다. 가장 간단한 방법은 자전거를 새로 하나 사는 거였지만, 환경이 아닌 나를 바꾸자는 생각을 통해 나도 스스로 인식하지 못하는 사이에 놀랍게도 나는 내 안에 숨겨진 능력을 꺼내 2배 수준의 결과를 만들어낸 셈이다. 생각을 바꾸면 누구나 이렇게 자신의 한계라고 판단한 지점을 돌파할 수 있다.

괴테가 가수의 삶에 비유하며 말한 것처럼 작가도 마찬가지다. 어디에서든 발견할 수 있는 평범한 주관적 감정만을 글로 쓴다면, 작가라고 할 수 없다. 그러나 세계를 자기만의 것으로 만들어서 특별하게 표현할 수 있게 되는 순간, 그는 진정한 작가로 살수 있다. 이렇게 어제보다 더 큰 나로 살고 싶다면, 그저 생각만 조금 바꾸면 된다.

"나는 내가 생각한 것보다 강하다.

환경은 내게 큰 영향을 주지 않는다.

주변을 탓하며 안주하지 않고,

변하려는 의지가 더 큰 나를 만든다."

뭔가 배우고 싶은데 잘 안된다면
돈을 더 많이 써라

51

누구나 특별한 삶을 욕망하지만,
아무도 성장을 위해 노력하지는 않는다.
확실한 일을 실행할 힘은 누구나 가지고 있으니,
'누구나의 삶'에서 벗어나고 싶다면,
불확실한 일에 도전하라.

Johann Wolfgang von Goethe

"수영을 배우고 싶어요.", "골프 좀 하고 싶은데.", "글쓰기 좀 배워야 할 것 같아요." 각자 배우고 싶은 영역이 모두 다르다. 하지만 그들에게 나는 늘 같은 조언을 던진다. "가장 비싼 곳에 가서 배우세요.", "최고의 스승이 있는 곳으로 가세요." 그럼 보통 반응은 이렇다. "굳이 그렇게 돈을 많이 써야 할까요?", "에이, 전 그 정도는 아닌데요." 그러면서 가장 저렴한 가격을 받는 곳을 찾아서 간다. 그리고 그들은 이런 공통적인 결과를 만난다. '중도 포기'.

그들이 중간에 늘 포기하는 이유는 너무나 간단하다. 그들이 남긴 말에 모든 답이 녹아 있다. 한마디로 말해서 그들은 아직 배울 준비나 마음이 갖춰지지 않았다. 물론 모든 최고의 스승이 많은 돈을 받고, 그게 아닌 경우 저렴한 가격을 받는 것은 아니다. 다만, 나는 이걸 보고 싶은 것이다. '그가 그 돈을 낼 정도로 그걸 진짜 배우고 싶은가?', '그 돈을 투자할 정도의 가치를 알고 있는가?' 결국 그들은 그 돈을 비싸게 느꼈던 것이며, 그 사실은 다시, 배우는 과정에 대한 가치를 느끼지 못했음을 증명한다. 그들에게서는 이런 5가지 마음을 발견할 수 있다.

1. 실제로 그다지 배우고 싶지 않다.
2. 돈을 더 낼 정도로 마음이 강렬한 건 아니다.
3. 배우고 나서 돈 쓴 만큼 활용할 수 없을 것 같다.
4. 나도 내 마음이 어떤지 잘 모르겠다.
5. 아무래도 투자 대비 손해일 것 같다.

돈을 더 쓴다는 건, 배우고 싶다는 강렬한 의지를 증명하기도 한다. 나가는 돈보다 얻는 것이 더 많다고 생각한다면, 조금 무리를 해서라도 얼마든지 더 투자할 수 있으니까. 당신이 좀 더 성장하고 싶다면, 재능이 뛰어나지 않다는 사실을 깨달아야 한다. 타고난 재능이 있다고 해서 자신에게만 의지하며 머물러 있으면, 퇴보하는 것과 같다. 대신 지금 갖고 있는 재능 이상을 기르기 위해서 분투하거나 훌륭한 스승과 선배를 따라서 자신의 재능을 좀 더 갈고 닦아야 한다.

필사할
문장

"성장하려면 늘 배워야 하고,

왜 배워야 하는지 그 가치를 알고 있어야 한다.

가치를 아는 사람은 무엇이든 투자할 수 있다.

더 큰 나는 그렇게 하나하나 완성된다."

중년 이후 무기력한 나를
일으켜주는 7가지 말

52

많은 사람이 가진 돈이 다 사라질 때까지 쓴다.
더 심각한 문제는 시간까지 그렇게 취급한다는 사실이다.
세상에서 가장 어리석은 노예는
자신이 자유롭다고 착각하는 노예다.

Johann Wolfgang von Goethe

돈과 시간을 다 사라질 때까지 쓰는 사람을 어리석은 노예로
비유한 이유가 뭘까? 착각이다. 얼마든지 돈을 더 벌 수 있고, 시
간도 충분하다는 착각을 한다면, 그는 자신이 자유롭다고 착각
하는 노예와 마찬가지라는 뜻이다. 그런 삶을 반복하면, 결국 무
기력에 빠지게 된다. 나이는 들지만 되는 일은 없기 때문이다.

중년 이후 찾아오는 무기력은 더 위험하다. 괴테가 말한 것처럼 무기력은 자신이 자유롭다고 착각하는 노예에게 찾아오는 기분 나쁜 손님과도 같은 존재인데, 이전보다 몸과 마음이 약해진 중년 이후에는 좀 더 위험하다. 그런 상태에 빠지지 않기 위해서는 아래에 소개하는 말을 활용해서 내면을 탄탄하게 유지할 필요가 있다.

1. 후회나 걱정을 하더라도
   할 수 있는 건 다 한 후에 하자.

2. 투정을 부린다는 건
   건강하게 살아 있다는 증거다.

3. 희망이 없어도 일단 일어나서
   밖에 나가서 놀기라도 하자.

4. 행운이 필요한 일이 있다면,
   "모든 불행아, 사라져라!"라고
   자신 있게 외칠 수 있어야 한다.

5. 세상 모든 게 나를 막아서도,

   나는 지금 내가 할 수 있는 것을

   해내면서 앞으로 걸어갈 것이다.

6. 시작은 용기에서 출발하지만,

   이 길에서의 마지막 걸음은

   내게 기적이 될 것이다.

7. 나는 다시 비상할 것이다.

   다시 시작할 기회라고 여기면,

   언제든 새롭게 출발할 수 있다.

이제 당신은 세상에서 가장 강하고, 탄탄한 내면을 가진 사람은 세상이 이기는 자가 아니라, 자기 자신을 이기는 자라는 진리를 깨달았을 것이다.

"내면에서 일어나는 갈등을 제어하고,

자기 자신의 주인으로 다시 태어나라.

돈과 시간을 자신을 위해 좀 더 많이 쓰고,

근사하게 나이 드는 연습을 하라.

그 공간에서 당신은 활력을 찾을 수 있다."

나는
'60분 소주'를 즐긴다

53

당신에게 주어진 30분이
사소한 시간이라고 무시하지 말고,
그 시간에 사소한 것이라도
처리하는 것이 현명하다.

Johann Wolfgang von Goethe

술을 즐기지만, 과하게 마셔서 인사불성이 되거나 타인과 세
상에 피해를 주는 광경을 매우 싫어한다. 또한 내게는 반드시 해
야 할 소중한 일이 많아서 아까운 시간을 괜한 일로 낭비하고 싶
지도 않다. 그래서 내겐 내 삶을 지켜주는 술자리 원칙이 하나 있
다. 바로 '60분 소주'.

함께 술을 마실 때, 우리는 자주 이런 고민에 빠진다. '그래도 2차는 가야 서로 서운하지 않겠지?', '우리 사이에 노래방 정도는 가야겠지?', '피곤해서 집에 가고 싶은데, 그래도 분위기상 앉아 있어야겠지?'

삶이 서로 다르듯 사람마다 주어진 상황도 모두 다르다. 그래서 나는 함께 즐길 시간을 미리 정한 후, 모두가 공감할 수 있을 때 술자리를 시작한다. 예를 들자면, 60분이나 90분 정도로 시간을 정하고, 서로에게 최고로 충실한 시간을 꽉꽉 채워서 보내는 거다. 이런 방식이 처음에는 익숙하지 않겠지만, 시간을 정하고 만나면, 장점이 매우 많다. 일단 무작정 마시지 않아서 술을 어느 정도 빠르기로 마셔야 할지 스스로 점검할 수 있고, 귀가 후 일정과 내일 일정까지 정확하게 계획할 수 있다. 또 위에 제시한 3가지 문제에 대해 고민할 필요도 없어져서 훨씬 마음이 자유롭다. "너무 삭막한 것 아니냐?"라고 말하는 사람도 있을 것이다. 그 마음 물론 이해한다. 나도 늘 이런 것은 아니다. 정말 바쁘지만 그럼에도 시간을 내서 소중한 사람을 만나야 할 때 쓰는 방법이니까.

나는 순간을 계획할 수 있다면, 미래가 선명해진다고 생각한다. 무계획은 과잉 중독과 혼란을 부른다. 그러므로 식사는 위를 적당히 채운 상태에서, 술자리는 서로 웃으며 끝나는 게 서로를 위해 좋다고 믿는다. 사는 동안 자연과학자, 극단 책임자, 장관, 작가, 색채학자 등 수많은 일을 해내며, 자신의 시간을 누구보다 효율적으로 사용했던 괴테 역시, 매일 와인 2병을 마셨다고 알려질 정도로 술을 즐겼다. 하지만 그 역시 이렇게 사소한 시간마저 소중히 대하는 태도로 하루 24시간을 꼭꼭 채워서 썼다. 그가 가진 삶의 태도를 당신도 가지게 된다면, 하루가 완전히 달라질 것이다.

필사할
문장

"소중하다면 오히려 더 신경을 써서 계획하고,

적당히 즐겨야 한다.

낭비하면, 결국 모두 사라지는 법이다.

죽는 날까지 음식과 술을 즐기고 싶다면,

오늘 적당히 즐기며 마셔야 한다.

오늘이 마지막인 것처럼 마시다가는

진짜 마지막 날을 맞이할 수도 있다."

원하는 것을 모두 얻는 사람들의
7가지 삶의 태도

54

사람의 욕망은 원래 끝이 없다.
다만 분명한 목표를 가진 사람은
자신이 가진 욕망의 한계점을 정할 수 있다.

Johann Wolfgang von Goethe

괴테라서 가능한 절묘한 표현이다. 사람의 욕망에는 원래 끝
이 없다. 다만, 자기 삶의 목표를 가진 사람은 욕망의 한계점을
분명하게 정할 수 있다. 반대로 아무리 가져도 만족을 하지 못하
는 사람은 스스로 "나는 삶의 목표가 없습니다."라고 고백하는
것과 같다.

사람을 볼 때도 그런 기준으로 보면, 그가 분명한 목표를 품고 움직이는 사람인지, 그냥 되는 대로 사는 사람인지 쉽게 판독이 가능하다. '원하는 것을 모두 얻는 사람'이란, 결국 목표가 분명한 사람이라고 생각할 수 있다. 그들은 다음에 소개하는 7가지 태도를 갖고 있으니 읽어보라.

1. 더 크고 넓게 생각하라.

'넉넉하니 그런 결정도 할 수 있지!'라고 생각하면 누가 손해인가? 그가 아닌 넉넉하지 못해서 시작하지 못 한다고 생각하는 나만 손해다. 생각을 바꿔라. 통 큰 결정은 막대한 재산에서 나오는 게 아니라, 탄탄한 내면에서만 나올 수 있는 자기 믿음의 결과다.

2. 생각의 차별화가 우선이다.

"다들 할 수 있으니까, 당신도 가능하다."라는 달콤한 말에 속지 말라. 모두가 할 수 있는 건 그들이 하게 그냥 두고, 나라서 다르게 할 수 있는 것을 시작하라. 차별화는 생각의 태도에서 시작된다.

3. 동사의 삶을 살아라.

'작가'라는 명사를 가지려면, '글을 쓰는' 치열한 동사의 시간이 필요하다. 동사를 실천하면, 명사는 보너스로 찾아온다. 그런데 다들 순서를 제대로 지키지 않아서 명사만 바라보다가 아까운 시간을 소모한다.

4. 시작이 진실하다면, 과정에서 보상을 받는다.

아무리 열심히 책을 써서 내도 반응은 기대 이하일 것이다. 하지만 너무 힘들어하지 말라. 이미 당신은 쓰는 동안 급격한 성장이라는 선물을 받았으니까. 결과만 보며 판단하지 말라. 만약 당신이 진실했다면, 과정에서 이미 충분한 보상을 받았다.

5. 특별해지려고 노력하라.

'평범하다'라는 말은 잊어라. 대신 '특별한 노력'과 '특별한 생각'이라는 말을 자신에게 자주 들려줘라. 특별하다는 것은 대단한 게 아니다. 생각만으로 다른 삶을 시작할 수 있다.

6. 지긋지긋한 반복의 결과는 늘 달콤하다.

모든 사람의 인생은 지긋지긋한 일의 반복으로 이루어져 있다. 하지만 누군가는 이 반복이 힘이 될 거라고 생각하고, 다른 누군가는 즐거운 것만 찾아서 다닌다. 결과는 당신이 지금 짐작한 것과 같다. 향기로운 결과의 과정은 언제나 지긋지긋하기 마련이다.

7. 일단 뭐든 시작하라.

현재 자신이 반복한 것이 결국 미래의 자신을 만든다. 지금 미래에 대한 고민만 하고 있다면, 미래에도 당신은 같은 고민만 하고 있을 것이다. 실패하더라도 뭐든 지금 시작하라. 그럼 미래의 당신은 답을 손에 쥐고 있을 것이다.

필사할
문장

"포기하고 싶을 때 다시 시작하라.

주저앉고 싶을 때 달려라.

죽고 싶을 때 더 삶을 갈망하라.

분명한 삶의 목표를 가슴에 품고,

삶이 주는 고통에 굴복하지 않으면,

원하는 것을 모두 얻게 될 것이다."

점점 자신의 가치를 높이는 사람의
3가지 공통점

55

책이나 강연도 좋지만,
무엇보다 너의 삶을 믿어라.
다른 그 무엇보다 너의 삶이
누구보다 너를 잘 가르친다.

Johann Wolfgang von Goethe

언제나 그랬다. 세상에는 좋은 책과 멋진 강연이 많다. 잘 가르치는 학원도 수없이 많아서 지금도 수많은 사람이 각각 자신이 원하는 것을 배우며 살고 있다. 그런데 왜 그 끝에서 만족하는 사람은 많지 않을까? 왜 아무리 배워도 허기가 사라지지 않고, 자신의 가치를 높이지 못하는 걸까? 이에 성장의 아이콘이라고도 부를 수 있을 정도로 사는 내내 자신의 가치를 높였던 괴테는 "누구보다 자신을 잘 가르치는 사람은 바로 자기 자신"이라고 강조하며, 자신의 삶을 통해서 그 길에 들어설 방법으로 다음 3가지를 알려준다.

1. 굳이 설명하지 않는다.

당신이 스스로 생각할 때 가치 있는 걸 만들었는데, 그걸 상대가 인정하지 않는다면, 굳이 그에게 당신이 만든 그것의 가치에 대해서 설명하지 말라. 조금 답답할 수도 있다. 그러나 딱 보고 가치를 느끼지 못하는 사람은 아무리 설명을 들어도 알 수 없다. 대신, 보면 바로 가치를 느끼는 사람을 찾아라.

2. 혼자를 충분히 즐긴다.

글을 쓰거나 책을 읽고 사색할 때, 우리는 혼자가 된다. 하지만 그 상태가 외롭거나 불행하다고 생각하지 않는다. 세상에서 가장 외로운 사람은 혼자 있지 못하는 사람이라는 사실을 경험을 통해 깨달은 덕분이다. 혼자를 충분히 즐겨라. 지금 혼자 있는 이유는 함께 있을 때 더 행복할 준비를 하기 위해서다.

3. 양보할 수 없는 루틴이 있다.

루틴은 결코 사소한 게 아니다. 이것만은 내가 매일 가장 먼저 해야 한다는 우선순위를 의미해서다. 그 가치를 스스로 알고 있다는 의미이자, 세상의 소리나 유혹에 흔들리지 않겠다는 다짐과도 같다. 그래서 그들은 매일 가장 중요한 것부터 시작하며, 우선순위에 맞게 시간을 배분한 덕분에 늘 가장 효율적으로 자신의 가치를 높이며 산다.

군이 자신의 가치를 설명하지 않고, 그 시간을 아껴서 혼자를 충분히 즐기며, 양보할 수 없는 루틴을 갖고 산다면, 누구든 점점 더 자신의 가치를 높일 수 있다. 자신에게서 배우는 삶을 시작할 수 있어서다. 그들에게는 나이 드는 게 가장 큰 행복이자, 세상 그 무엇보다 든든한 보험이다.

"흐르는 시간이 사라지지 않고,

삶에 고스란히 쌓이는 사람들은

결코 내일을 걱정하지 않는다.

언제나 자신에게서 배우라."

상대방의 진심을 알아보는
가장 간단한 방법

56

힘이 없어서 내게 아무것도
해줄 수 없는 사람에게
어떻게 대하는지를 조금만 살펴봐도
그 사람의 수준을 짐작할 수 있다.

Johann Wolfgang von Goethe

"평소에 존경하고 있었습니다.", "뵙게 되어서 정말 영광입니다." 사람을 시험하거나 의심하는 건 매우 나쁜 행동이다. 하지만 이런 식으로 상대방이 갑자기 내게 존경을 표하거나 달콤한 언어로 유혹할 땐, 꼭 판단 기준을 갖고 있어야 한다. 나중에 크게 후회할 가능성이 매우 농후하기 때문이다.

내게는 상대방의 진심을 알아보는 가장 간단한 방법이 하나 있다. 각종 강연이나, 출간, 사업 등 의뢰가 올 때, 보통 그들은 통화를 요청하지만, 나는 이렇게 답한다. "저에게 하고 싶은 말씀을 글로 써서 메일로 보내주시면 감사하겠습니다. 제가 기억해야 할 중요한 것들은 메일로 받아서 읽어야 생산성이 높아져서요. 부탁드립니다."

그러면 존경을 표하며 완전히 적극적이었던 사람도 답신이 없다. 놀랍게도 90% 이상은 메일을 쓰지 않는다. 이유는 간단하다. 메일에 글로 써서 하려는 말을 전한다는 게 매우 어려운 일이라서 그렇다. 어렵기 때문에 진심이 아닌 사람은 중간에 그냥 포기하고 지나간다. 그러나 반대로 처음 다가올 때 그 마음이 진심이었던 사람은 오히려 내게 감동을 전하는 기대 이상의 메일을 써서 선물처럼 안겨준다.

괴테는 힘이 없어서 자신에게 아무것도 해줄 수 없는 사람에게 어떻게 대하는지를 보면, 그 사람의 수준을 알 수 있다고 했다. 이렇게 우리에게는 각자 사람을 판단하는 원칙이 하나 정도는 있어야 한다. 원칙이 없는 사람은 원칙이 있는 사람에게 끌려다닐 수밖에 없다. 그래서 말로만 어떻게 하려는 사람에게 그 마음을 글로 써서 보여달라는 제안은 그 사람의 마음을 판단할 때 매우 효과적이다.

"마음이 깊어지면 글을 쓰게 된다.

사랑이라면 그 온도가 얼마나 뜨거운지

글로 써서 전하지 않을 수 없고,

진심이라면 어떻게든 표현하려고

자신의 마음을 쓰게 된다."

당신이 생각하지 않고 산다는
증거가 여기에 있다

57

일상에서 일어나는 모든 일은
우리가 생각하는 것 이상으로 반복해서 일어난다.
우리 자신의 천성이 그렇게 규정하기 때문이다.

Johann Wolfgang von Goethe

귀중한 조언이다. 괴테의 조언에 따르면, 결국 천성이 우리 주변에 일어나는 일의 수준과 종류를 결정한다. 천성을 바꾸면, 주변 환경과 일어나는 일의 수준과 종류까지 바꿀 수 있다는 말이다. 그렇다면 천성이라는 것을 어떻게 하면 높은 수준으로 바꿀 수 있을까? 답은 생각에 있다. 주변을 한번 보라. 뭘 해도 성장하지 못하고, 배우는 것이 내면에 쌓이지 않는 사람들의 커다란 특징 중 하나는, 생각을 별로 하지 않는다는 사실에 있다.

생각하는 일은 매우 어려운 과정이다. 굳이 하지 않아도 사는데 별 지장이 없어서, 대부분 그냥 살게 되기 때문이다. 그러나 가장 큰 문제는 생각하지 않고 살면서, 스스로 생각하며 살고 있다고 착각하는 것이다. 착각하는 삶이 가장 무섭다. 자신의 상황을 착각하게 만들기 때문에 무엇을 해야 하는지, 무엇이 필요한지 알 수 없게 만들기 때문이다. 그래서 천성이 잘 바뀌지 않는 것이고, 계속해서 주변에 원하지 않는 일만 반복해서 일어난다.

가장 좋은 방법은 글쓰기를 시작하는 것이다. 생각하는 사람의 가장 커다란 공통점 중 하나는 바로 그들이 글을 쓰며 산다는 사실에 있다. 생각하며 사는 사람은 반드시 자신이 공들여 생각한 것을 글로 쓰는 하루를 보낸다. 만약 당신이 매일 조금이라도 글을 쓰지 않는 삶을 살고 있다면, 생각하지 않는 삶을 산다고 받아들이면 된다. 고민이나 망상은 글이 될 수 없지만, 생각은 반드시 글이 되어 자신의 가치를 빛낸다. 그럴 정도의 가치가 있어서 생각하는 사람들은 꼭 자신의 생각을 글로 남긴다. 지금 자신을 돌아보라. 생각하며 살지 않으면, 이런 삶을 살게 된다.

1. 자신이 왜 이렇게 사는지도 모른다.

2. 왜 실패하고, 왜 실수하는지 모른다.

3. 존재의 이유조차 몰라서 방황한다.

4. 목표가 있지만 자신의 것이 아니다.

5. 타인의 이목을 끌기 위해서 산다.

6. 쉬지도 못하고, 계속 뛰어야 한다.

7. 아무리 배워도 자기 것이 되지 않는다.

8. 부정적인 반응만 하며 산다.

9. 불행과 불가능한 것이 늘어난다.

10. 행운마저 외면한 인생을 살게 된다.

지금 당신의 삶이 위에 제시한 내용 중 3개 이상 해당한다면, 당신의 생각은 생각이 아닐 가능성이 높으며, 가장 중요한 글을 쓰지 않고 살 가능성도 매우 높다. 좋은 일이 일어나기를 바란다면 천성을, 천성이 바뀌길 바란다면 생각을, 다시 생각의 수준을 높이려면 글쓰기를 시작하라. 결국 자신의 운명을 바꾸려면, 지금 당장 글쓰기를 시작해야 한다.

"재능이 없다는 변명은 이제 접어라.

글쓰기는 결코 재능이 아니다.

당신이 쓸 가치가 있는 생각을 한다면,

손가락은 저절로 글을 써낼 것이다."

최대한 빨리 망해야
더 빨리 성장한다

58

자신이 최고라고 생각하는 자는 위험하다.
자신의 일을 먼저 경험한 선배의 지혜를 빌리지 않고,
실패를 반복하며, 방황할 가능성이 높기 때문이다.
어리석은 선택은 이제 그만 하라.
먼저 그 일을 시작한 선배들의 경험을 활용하여
같은 실패와 시간 낭비를 반복하지 않고,
좀 더 높은 수준의 결과를 만들어야 한다.

Johann Wolfgang von Goethe

내가 가장 자주 받는 질문 중 하나다. "걱정입니다, 작가님. 제가 책을 내도 될까요? 전 아직 팬이 있는 인기 작가도 아니고, 출간을 해도 책이 망할 것 같아서요."

이 책이 세상에 나온 2024년 현재, 나는 100권의 책을 낸 작가이지만(이 책이 100번째 책이다), 무려 30번째 책을 낼 때까지 저 질문의 표현을 차용해서 말하자면, '매일 망하는 책을 쓰는 작가'였다. 더구나 처음 책을 낼 때는 서점에 가서 판권에 쓰여 있는 출판사 주소를 모두 적어와, 100통이 넘는 출간 제안 메일을 보냈었고, 답장조차 받지 못할 정도의 대우를 받았었다. 당시 나는 매일 망했고, 존재감이 전혀 없었다.

"제가 책을 내도 될까요?", "혹시 망하는 건 아닐까요?", "저에게도 자격이 있을까요?" 그래서 나는 이렇게 묻는 이들에게 꼭 마음을 담아 이렇게 답한다. "책 꼭 내세요. 그리고 빨리 망하세요. 조금이라도 서둘러 망해야 조금이라도 빨리 자리를 잡을 수 있습니다."

이건 결코 그들을 놀리는 게 아니다. 대신 나는 좀 더 근원적인 질문을 하나 던지고 싶다. "왜 당신이 망하지 않을 거라고 생각하나?" 처음에는 망하는 게 당연한 거다. 빨리 망해야 빨리 성장한다. 나도 지금까지 30번이나 망했고, 여전히 매일 그런 위험에서 살고 있다. 100권의 책을 냈지만, 매번 책이 나올 때마다 '이번에 독자에게 사랑을 전하지 못하게 되면 어쩌지?'라는 걱정을 한다. 두려워서 무언가를 시작하지 못하고 있는 수많은 사람에게 내가 들려주고 싶은 말은 이것 하나다.

"아직 오지도 않은 망하는 순간이 아닌,

두려워 시작조차 못하는 자신을 걱정하라.

빨리 시작해서 서둘러 망하고,

망한 이유를 분석해서 나날이 성장하라.

그럼 망하기가 더 어려운 사람으로 거듭날 것이다."

남들은 즐기는 것을
나는 왜 즐기지 못하는가

59

모든 귀한 것은 더 젊었을 때 구해야 한다.
젊음은 그 자체가 하나의 빛이다.
그 빛이 흐려지기 전에
최대한 많이 찾아서 쌓아야 한다.
젊은 시절 많은 것을 축적한 사람은
풍성한 노년을 행복하게 즐길 수 있다.

Johann Wolfgang von Goethe

"좋겠다. 저 사람은 출근도 하지 않고 잘 먹고, 잘사네.", "나도 저렇게 자유롭게 집에서 일하면서 살고 싶네!", "부럽다, 부러워. 늘 편안하게 앉아서 커피나 마시고 있으니." 출근하지 않고 자유롭게 일하는 것처럼 보이는 사람들에게 부러움을 느끼는 이유는 당장 보이는 그의 외면만 바라보며, 성급하게 결론을 내리기 때문이다. 내면까지 볼 수 있는 사람은 알고 있다. 그의 외면은 24시간 내내 퇴근한 사람처럼 자유롭게 보일 수도 있지만, 그의 내면은 24시간 내내 퇴근하지 못하며 살고 있다. 이렇게 그 사람의 내면까지 볼 수 없는 사람은 출근하지 않고 일하는 사람들의 고통과 노력을 짐작할 수 없다. 그래서 그 사람에 대해 충분히 이해할 때까지 오랫동안 바라보는 사람들은 함부로 누군가를 부러워하지 않는다. 세상에 쉽게 사는 사람은 별로 없으며, 누구나 고통 하나 정도는 등에 업고 살아간다는 사실을 눈으로 보며 알고 있어서다.

그래서 괴테는 젊은 시절의 치열함에 대해서 강조하는 것이다. 겉만 보며 부러움의 감정에 빠져서 그 안을 들여다보지 못하게 되면, 가장 먼저 타인과 자신을 비교하며, 초라한 자신을 자책하게 된다. 점점 우울해지고, 나중에는 부러움의 감정이 질 낮은 질투로 바뀌어서 무작정 상대를 미워하고, 증오하게 된다. "세상이 망했어!", "나만 불공평하게 살고 있어!", "그래 뭐 인생 한 방이지!" 하면서 더 성급해지고, 더 나약해지고, 더 낮아진다.

세상에 이유 없는 증오는 없다. 딱히 다른 이유도 없는데, 무작정 싫고, 미운 사람이 있다면, 오히려 자신을 돌아봐야 한다. 그리고 이 사실을 꼭 기억하라. 부럽다는 것은 남들은 보는 것을 나는 볼 수 없기 때문에 생기는 서툰 감정이다.

"부러운 게 많은 사람은

반대로 사람을 볼 줄 모르는 사람이라는 증거다.

조금이라도 깊이 볼 수 있다면,

인생은 그렇게 간단한 게 아니라는

진리와도 같은 사실을 알 수 있다.

젊을 때 좀 더 분투해라.

생기와 열정은 그래서 주어진 것이다."

자꾸 자존감을 잃게
만드는 생각

60

아침에 일어나 처음 생각한 것이
당신의 하루를 결정한다.
내가 반복한 생각은 반드시
내 삶에 결정적인 영향을 미친다.

Johann Wolfgang von Goethe

"저만 이렇게 생각하나요?", "나만 이렇게 느끼는 거 아니잖아?", "이 기계(서비스) 나만 작동 안 되는 건가?", "나만 이게 이해가 안 되는 건가?" 무슨 상황만 주어지면 '나만'이라는 키워드로 모든 것을 바라보는 사람에게는 자신은 말버릇이라고 생각하겠지만, 유심히 보면 이런 특징이 있다.

1. 평균은 돼야 한다는 압박

2. 나만 남겨지면 안된다는 절실함

3. 틀리면 안된다는 정답을 향한 집착

4. 다수 안에 속하고 싶다는 욕망

당장 그런 방식의 말을 바꿔야 한다. 그렇게 자꾸 내 안에 있는 문제나 이슈를 밖으로 돌리는 표현을 사용하기보다는, 이렇게 내 안에서 깔끔하게 마감하는 방식으로 말하면, 자존감의 손실을 막을 수 있다.

"나는 이렇게 생각합니다."

"사람마다 느낌은 다 다르니까."

"조금 기다리면 괜찮아지겠지."

"뭐, 이해가 안 될 수도 있지."

자꾸 내 안에서 나온 문제를 밖으로 끄집어내서 타인에게 접목하려고 하지 말자. 그런 나날이 반복되면, 나도 모르게 자존감이 자꾸만 약해진다. 그런 행위는 '나'라는 존재를 자꾸 지우는 것이기 때문이다. 아침에 일어나 처음 했던 생각과 말이 하루를 지배하고, 매일 반복하는 말은 인생을 지배한다. 이 모든 말의 가치와 중요성을 단 한 줄로 이해하고 싶다면, 당신에게 이 말만 전하고 싶다. 이번에는 딱 한 줄이다.

"사람은 살던 그 모습으로 죽는다."

자신이 사랑하는 일을 누구보다
성공적으로 해내는 사람들의 공통점

61

세상에서 가장 행복한 사람은
남의 장점을 진실로 존중하며,
남의 기쁨을 나의 것인 것처럼
기뻐하고 즐기는 사람이다.

Johann Wolfgang von Goethe

사람마다 다르지만, 어떤 사람들은 하나에만 계속해서 몰입하기보다 중간중간 딴짓을 하는 게 업무나 작업에 효과적이라고 말한다. 그러나 여기에는 가장 중요한 원칙이 하나 있다. 예를 들자면 이렇다. 나는 매일 30분 이상 산책이라는 딴짓을 한다. 하지만 눈과 내면에 이런 3단계 질문을 장착하고 밖으로 나간다.

1. 오늘은 바깥에 어떤 특별한 이미지가 있을까?
2. 내가 지금 발견한 이미지를 이해하기 쉽게 텍스트로 변환하려면 어떻게 해야 할까?
3. 그렇게 나온 텍스트를 재료로 어떤 글을 써야 가장 효율적일까?

모든 분야의 일이 다 그렇다. 앉아서 나올 수 있는 영감이나 아이디어는 매우 제한적이다. 그래서 산책도 즐기고, 운동이나 취미활동도 한다. 그렇다고 무조건 취미나 기타 활동을 하며 딴짓을 한다고 아이디어가 쏟아지는 건 아니다. 늘 말하지만, 위에 언급한 것처럼 내면에 질문을 품고 24시간을 살아야 하며, 그걸 두 줄로 압축해서 설명하면 이렇다.

"나는 글을 쓰면서 삶을 잊지 않고,
살면서도 글을 잊지 않는다."

자신이 좋아하는 일을 누구보다 성공적으로 해내는 사람들은 이런 공통점을 갖고 있다. 다른 사람들은 그냥 즐기는 취미나 기타 수많은 딴짓을, 그들은 자신이 사랑하는 일의 시선으로 바라보며, 관찰하고, 탐구한다. 세상 모든 일이 그들에게는 자신이 사랑하는 일 안에 속한 재료나 구성품으로 느껴지는 셈이다.

괴테가 세상에서 가장 행복한 사람은 남의 장점을 진실로 존중하며, 남의 기쁨을 나의 일인 것처럼 기뻐하고, 즐기는 사람이라고 말한 이유도 바로 여기에 있다. 모든 사람에게서 배울 수 있는 사람이 세상에서 가장 행복한 사람이라는 뜻이다. 이 거대한 아이디어 창조의 원리를 모르는 상태로 하는 수많은 딴짓은 당신의 아까운 시간만 낭비하게 만들 뿐이다.

필사할
문장

"당신이 가장 사랑하는 일의 시선으로 세상을 보라.

그리고 당신만의 언어로 당신이 본 것들을

세상과 사람들에게 설명하라.

당신의 세계는 365일 내내 잠들지 않을 것이다."

'격'이 아닌
'결'이 맞는 사람을 만나라

62

자신을 존경하듯 타인을 존경할 수 있고,
자신이 받고 싶은 것을 타인에게 줄 수 있다면,
그는 진실한 사랑이 무엇인지 아는 사람이다.
세상에는 그 이상으로 아름다운 사람이 없다.

Johann Wolfgang von Goethe

'저 사람은 왜 이렇게 남의 일에 참견할까?', '짜증나게 자꾸 내 일을 방해하는 이유가 뭘까?', '제발 좀 내 삶의 반경에서 사라지면 좋겠다!' 살다 보면 이런 생각을 들게 만드는 이상한(?) 사람을 만나게 된다. 그가 그렇게 행동하는 이유는 그가 진실한 사랑이 무엇인지 모르는 사람이라 그렇다. 진실한 사랑이 무엇인지 모른다는 건 지루하고, 꿈과 목표가 없는 인생을 살고 있다는 의미와 같다. 사랑을 모르는 자에게 사는 재미와 꿈이 있을 수 없을 테니까. 결국 내 인생이 지루하면, 남의 인생에 간섭해서 '나쁜 재미'를 찾게 되고, 내 안에 꿈이 없으면, 남이 가진 꿈에 참견해서 막고, 방해하며, '못된 짓'을 하게 된다. 그래서 우리는 내면의 평화를 위해서 늘 마음의 결이 맞는 사람을 만나야 한다. 그 이유에 대해서 7가지로 간단하게 설명하면 이렇다.

1. '격'이 맞는 사람을 만나는 것도 좋지만, 그건 약간의 스트레스가 동반된다.
2. 그러나 격이 아닌 '결'이 맞는 사람을 만나면, 모든 것이 자연스러워진다.
3. 아무런 말도 하지 않았지만, 호감이 가는 사람이 있다. '마음의 결'이 맞아서다.
4. 엄청나게 많은 말을 했지만, 여전히 싫은 사람이 있다. 마음의 결이 맞지 않기 때문이다.
5. 3번에 해당하는 사람을 자주 만나라. 맞지 않는 사람을 만나 굳이 없는 기력을 더 낭비하지 말라.
6. 시간이란 하나의 공간이다. 당신이 보내는 그 시간 안에 마음의 결이 맞는 사람을 많이 담으라.

7. 숫자는 중요하지 않다. 인생은 결국 마음에 맞는 한두 사람과 마음을 나누며 사는 것이다.

괴테가 조언한 것처럼 자신을 존경하듯 타인을 존경할 수 있고, 자신이 받고 싶은 것을 타인에게 줄 수 있는, 진실한 사랑이 무엇인지 아는, 마음의 결이 맞는 사람과 인연을 맺어라. 물론 당장 그게 어려울 수도 있다. 주변을 정리하는 데 얼마간의 시간과 투자가 필요할 수도 있다. 그때 이 말을 기억한다면, 그 힘든 순간을 웃으며 보낼 수 있을 것이다.

필사할
문장

"'이것' 또한 지나가리라. '이 시간' 또한 지나가리라.

그리고 '이놈' 또한 지나가리라.

안 좋았던 순간과 외로웠던 시간,

평생 기억하고 싶지 않은 사람까지

결국 모든 것은 다 지나간다."

사는 나날이 곧 배움의 나날인 사람의 10가지 태도

63

순간아, 너는 참으로 아름답다.
내가 진정으로 하고 싶은 것을 이루기 위해서
공부하고, 일하고, 노력하는 이 순간이야말로
영원히 아름다운 나만의 시간이다.
그러니 순간아, 늘 여기에 머물러라.
내가 너와 같이 지낸 나날은 영원히 사라지지 않으리라.

Johann Wolfgang von Goethe

뭐든 그 사람이 싫으면, 그가 하는 게 다 싫게 느껴진다. 그가 하는 말과 부르는 노래, 그가 사는 삶의 방향과 행동 하나하나가 다 싫어서 최대한 멀리로 벗어나고 싶다. 그렇다면 세상에 무작정 싫은 사람이 많아진다는 것은 무엇을 의미하는 걸까? 배움의 폭이 그만큼 좁아진다는 사실을 의미한다. 그냥 싫은 사람에게는 아무것도 배울 수가 없기 때문이다. 그럼, 배우는 삶을 제대로 살기 위해서는 뭐가 필요할까? 싫어하는 사람의 숫자를 매일 조금씩 줄여나가는 삶을 살아야 한다. 다음에 소개하는 10가지 방식으로 세상과 사람을 대하면, 나날이 배우는 삶을 살 수 있다.

1. 획일적인 삶에서 벗어난다.
2. 다른 생각을 존중하고 존경한다.
3. 나이로 수준을 구분하지 않는다.
4. 일방적으로 편을 들지 않는다.
5. 충분히 듣고 판단한다.
6. '좋다', '싫다'로 사람을 구분하지 않는다.
7. 틀리지 않다, 오직 다를 뿐이다.
8. 늘 긍정적인 시선을 유지한다.
9. 좀 더 다가가 이해하려고 노력한다.
10. 욕설을 내뱉거나 분노하지 않는다.

이렇게 10가지 태도를 통해서 늘 자신을 유지할 수 있어야, 흔들리지 않는 시선을 통해서 세상과 사람으로부터 무언가를 배울 수 있다. 늘 배우려는 태도를 견지하며 살았던 괴테는 여기에 하나를 더 추가해서 11번째 말을 남겼다. 바로 "자신의 능력을 홀

쩍 뛰어넘는 수준의 일에 성급하게 도전하지 말라."는 조언이다. 그의 설명을 짧게 압축하면 이렇다. 그가 남긴 말을 필사하며, 그 마음을 느껴보라.

"대작에는 손을 대지 말아야 한다.

대가들도 그런 욕심 때문에 고생을 한다.

나 역시도 그것 때문에 고생했고,

엄청난 시간이 허무하게 사라졌다.

대작에 몰두하느라

수많은 작은 일을 시작조차 하지 못했다.

대작 하나만 포기했어도

나는 100권의 책은 더 썼을 것이다."

좋은 사람은
왜 진리를 추구하는가

64

타인에게서 부정적인 것과
나쁜 행위를 발견하는 건 쉬운 일이다.
그냥 남의 행동을 보고만 있어도
누구나 쉽게 알 수 있기 때문이다.
그래서 우리는 늘 진리를 추구해야 한다.

Johann Wolfgang von Goethe

"내가 너 생각해서 하는 말인데.", "기분 나쁘게 생각하지 말
고 들어봐.", "내 자식 같아서 하는 말인데." 살면서 누구나 한번
정도는 이런 식의 말을 들어봤을 것이다. 그럼, 경험으로 이미 이
다음에 어떤 식의 말이 나오는지도 알고 있을 것이다. 이렇게 시
작하는 거의 모든 말은 듣는 이에게 고통과 짜증을 준다.

그런 말 중 하나인 "내가 객관적으로 생각해서 하는 말인데."라는 말도 마찬가지다. 이 말 역시 굳이 심각하게 경청할 필요는 없다. 철저하게 주관적인 생각에서 나온 말일 가능성이 매우 높기 때문이다.

사람은 누구나 주관적이다. 내가 나 자신을 아는 것도 쉬운 일이 아닌데, 자신도 잘 모르는 사람이 다른 사람의 생각까지 짐작하고, 추론해서 객관적으로 생각을 펼칠 수 있다는 건 앞뒤가 맞지 않다. 그래서 괴테는 '진리'라는 카드를 꺼냈다. 부정적인 것이나 나쁜 것은 누구나 볼 수 있지만, 진리는 발견하고자 애를 쓰는 자에게만 보인다.

살다 보면 이런 생각이 들 수 있다. '어쩜 저렇게 나쁜 사람이 오히려 더 당당하냐!' 그러나 모든 현상에는 나름의 이유가 있다. 나쁜 사람들이 더 당당한 이유는 그들은 자신보다 더 나쁜 사람들만 생각하며, '나보다 더 나쁜 사람도 이렇게 많잖아!'라는 생각으로 자신을 변호하기 때문에 누가 자신을 비난하고, 증오하면, "세상에 나처럼 착한 사람이 어디 있냐!"라고 외치며, 오히려 세상의 핍박을 받고 있다고 말한다. 반면, 좋은 사람들은 조용하다. 또 그들은 자신보다 나쁜 사람이 아닌 좋은 사람들을 생각하며, 더 나은 자신이 되기 위해 분투한다. '내가 좀 더 나은 사람이 되어야지.', '좀 더 나은 내가 되려면 어떻게 해야 할까?' 이런 생각으로 가득해서 늘 그들은 성장하고, 깊어진다. 여기까지 설명했음에도 주변에 존재하는 나쁜 사람들을 구분하기가 너무 힘들다면, 간단하게 구별할 수 있는 방법이 하나 있다.

"주변에 유독 시끄러운 사람이 있다면,

그는 좋은 사람이 아닐 가능성이 높다.

진리를 품고 있는 사람은 언제나 조용하다.

모든 것을 삶에서 증명하고 있어서다."

금에는
금박을 입히지 않는다

— 65 —

내가 지금 갖고 있는 모든 지식은
누구나 시간을 투자하면 가질 수 있지만,
나의 마음만은 오직 나만의 것이다.

Johann Wolfgang von Goethe

누구든 잘되기 전까지는 자신의 가치를 인정받기 위해서 이
런저런 노력을 하며, 자신을 돋보이게 하려고 애를 쓴다. 명품을
사기도 하고, 능력 이상의 상품을 구매해 자신을 포장하기도 한
다. 하지만 잘된 이후에는 굳이 세상의 인정을 받기 위해 노력하
지 않는다. 이미 그 자체로 빛나는 덕분이다. 이미 스스로가 금인

데 굳이 금박을 입힐 필요는 없으니까.

이 원리를 제대로 아는 게 정말 중요하다. 지식은 모두의 것이지만, 그걸 품은 마음만은 자기만의 것이라고 외친 괴테의 말이 그걸 증명한다. 스스로 빛나는 사람에게 포장은 오히려 그의 가치를 낮출 뿐이다. 만약 지금 당신이 징징거리고 있다면, 문제는 세상이 아니라 실력이 없는 당신에게 있을 가능성이 매우 높다.

현실을 인정해야 다른 삶을 시작할 수 있다. 물론 두렵고 떨릴 것이다. 누구든 무언가를 새롭게 시작하거나 인생 2막을 준비할 땐 두렵고 떨린다. '내가 과연 할 수 있을까?', '괜히 시작하는 건 아닐까?', '가만히 있어도 편안하게 살 수 있는데.'와 같은 생각을 하면서 말이다.

하지만 나는 새롭게 무언가를 시작한 당신에게 "정말 잘했다. 당신의 내일을 기대한다."라고 박수를 치며 반기고 싶다. 시작하기 전에는 누구나 앞이 막막해서 보이지 않지만, 세상은 시작하는 자에게 언제나 빛을 허락하기 마련이다. 문을 열면, 지금까지는 볼 수 없었던 새로운 빛이 찬란하게 당신을 비출 것이다. 단, 이것 하나는 분명히 기억해야 한다. 처음 그 일을 시작했던 마음을 간직해야 한다는 점이다. 그래야 훗날 모든 것을 잃어도 언제든 다시 시작할 힘을 가질 수 있다.

"내게 실력이 있다면 세상이 모를 수가 없고,

내게서 빛이 난다면 사람이 모이지 않을 수가 없다.

결국 스스로 나아져야 한다.

어떤 설명이나 설득도 필요 없다.

금에는 금박을 입히지 않는 법이니까.

스스로 가슴에 빛을 품은 존재가 되어

햇살 아래에서도 빛나는 사람이 돼라."

스스로를 믿는 순간,
어떻게 살아가야 할지 알게 된다

당신이 부러워하는 누군가의 성공은 대부분 '행운' 덕분에 이룬 결과일 수 있다. 멋지게 포장은 하지만, 결국 이런저런 상황이 기적처럼 그를 도와서 이룬 결과일 때가 실제로 많다. 그러나 그것이 당신이 아무것도 하지 않아도 된다는 신호는 아니다. 뭔가를 시작해서 노력해야 행운이라는 기적을 만나서 성취에 도달할 수 있어서 그렇다. 그러니 반복되는 실패에 크게 신경 쓰지 말라.

당신이 실패한 이유는 아직 좋은 운을 만나지 못했기 때문이다. 이를테면 성장은 차례대로 이루어지지만, 성공은 결코 차례대로 이루어지지 않는다. 성장의 순서는 '1, 2, 3, 4'로 예상 가능하게 이어지지만, 성공은 '1, 2, 3, 2, 3, 10'으로 정체된 시기를 겪다가 갑자기 이루어진다.

당신이 심각한 정체기를 겪고 있다면, 지금 당신에게 필요한 건 그저 어제처럼 스스로를 믿고, 오늘을 사는 것이다. 다른 사람의 성공에 눈을 돌리지 말라. 그저 지금까지 반복했던 것을 다시 반복하라. 그리고 이 말을 기억하라.

"성장의 과정은 정직하지만,
성공이라는 결과는 알 수 없다.
그래서 우리는 더욱 일상에 몰입해서
성장하는 하루에 전념을 다해야 한다.
과정을 장악하고 기다리면,
행운이라는 손님을 맞이할 수 있다."

괴테와 함께 보낸 나의 지난 20년의 세월이 그 사실을 명확하게 증명한다. 지난 20년 동안 오직 괴테의 책만 읽고 살면서, 나도 그가 말했듯 이렇게 살았다. "서둘지 말라, 그러나 쉬지도 말라."

그렇게 살았던 나의 20년의 기록이 여기에 모두 녹아 있다. 책을 읽으며, 당신은 삶에 필요한 다양한 지성을 가질 수 있을 것이다. 다만, 이 사실을 꼭 기억하라. 시간은 결코 영원하지 않다. 그러므로 시간이 당신을 기다리고 있다고 생각한다면, 게을리 걸어도 결국 목적지에 도착할 것이라고 생각한다면, 후회와 실망만 가득한 미래를 만나게 될 것이다. 또한, 당신이 지금 어떤 문제로 분투하든, 앞으로 어떤 존재가 되고 싶든, 방황을 피할 수는 없을 것이다. 그러나 나는 이런 멋진 사실을 알고 있다.

"인간은 노력하는 한 방황한다.
목표에 가까워지면 가까워질수록
겪어야 할 방황도 깊어질 것이다.
그러나 그때 오히려 웃으며 전진하라.
고난이 있을 때마다 그대는,
더 진실하고 농밀한 존재가 될 것이다."

인간은 노력하는 한 방황한다

ⓒ 김종원 2024

초판 1쇄 발행 2024년 4월 22일
초판 10쇄 발행 2024년 9월 23일

지은이   김종원
편집인   권민창
책임편집   윤수빈
디자인   김윤남
책임마케팅   김민지, 정호윤
마케팅   유인철
제작   제이오
경영지원   백선희, 권영환, 이기경

펴낸이   서현동
펴낸곳   ㈜오팬하우스
출판등록   2024년 5월 16일 제2024-000141호
주소   서울특별시 강남구 테헤란로 419, 11층(삼성동, 강남파이낸스플라자)
이메일   info@ofh.co.kr

ISBN   979-11-93358-85-6 (03160)

마인드셀프는 ㈜오팬하우스의 출판브랜드입니다.